刹

し

い

合

ち

が

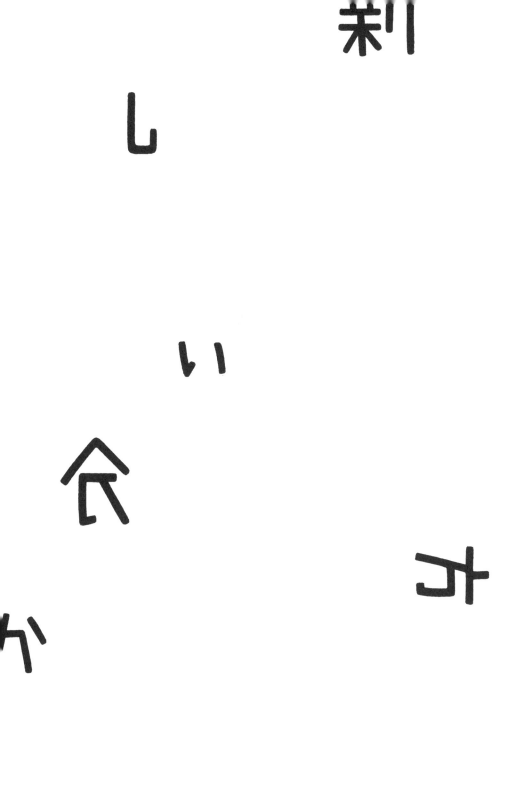

分からないけれど
なぜか興味を惹かれるもの。
人はそんなものに出会うと
それを解釈しようと
自分の中に　新しい体系を作り始める。

食卓塩
TABLE SALT
100g

食卓塩
TABLE SALT
100g

新しい分かり方

佐藤雅彦

目次

【導入】 解説

P. 2　塩とたまご

左右２枚の写真の差分を取ることで、塩の量の減少が読み取れ、たまごが浮いた理由が分かってしまう。さらに鑑賞を進めると、ビーカーの透明な水についても、その組成が違うことが感じられたりする。差分を取ることは、人間にとって、かなり有効な情報処理である。

P. 4　金槌と釘、石と釘、バナナと釘

右頁には金槌の写真、左頁には２枚の釘の写真。人間は瞬時に、右の金槌で左の釘を打ち付けたと解釈する。他の可能性は、なぜか感じもしない。因果関係を見出し、その情報群に解釈を与え、とにかく一件落着させるのである。石でも同じことが行われる。バナナにいたっても、因果関係を生むことを優先するあまり、「バナナで打ち付けた」という、常識では考えられない解釈が一瞬生まれたりもする。冷凍バナナという落着の方もいるに違いない。

金槌、石の続きでバナナを見ると、その流れで「バナナで釘を打ち付けた」という普段なら生まれない解釈に、抗うことはできなかったと思う。しかし、単独でバナナと釘の写真を見たとしたら、どうであったであろうか。確かめてほしいが、もうこの因果関係を知らなかった数分前のあなたには、なかなか戻れない。

（一）

そのようにしか見えない

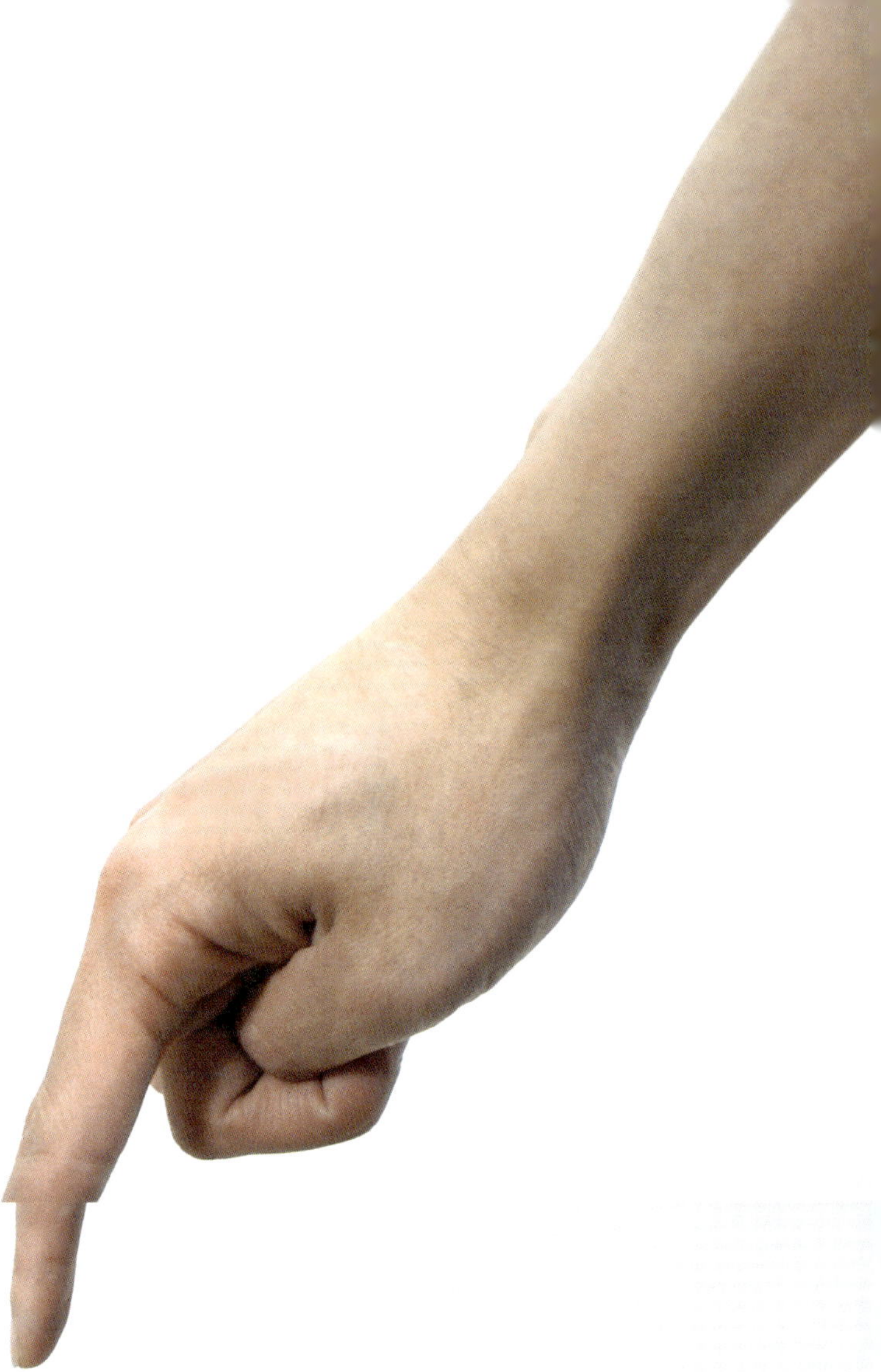

擬屈折

FOR GENERAL WRITING JAPAN
F
FOR GENERAL WRITING JAPAN
B
1913 HIGH QUALITY
Tombow 8900
HB

FOR GENERAL WRITING JAPAN
B
PENCIL ⊙ - 888 •HB•
FOR GENERAL WRITING JAPAN
B

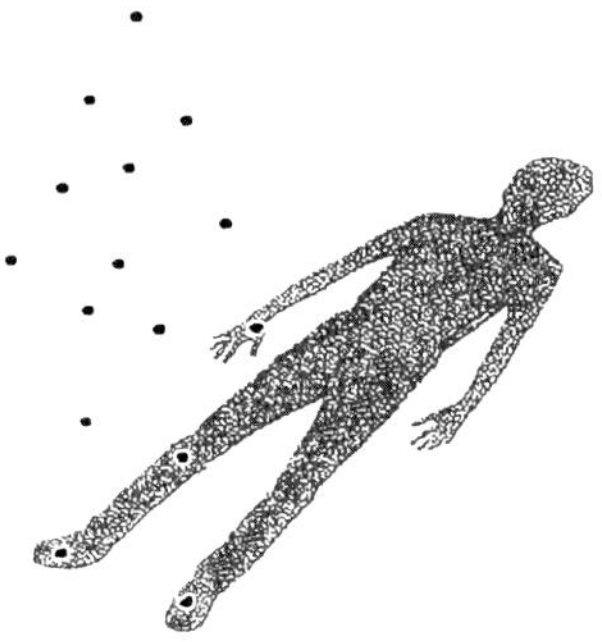

枠が動きます

まず、Cの空いているスペースのどこかに、あなたの右手の人差し指を置きます。

そして、その指はそのままにして、上のAから順に 1、2、3、4、5、

次にBの 1、2、3、・・・ 次にCの 1、2、3、・・・ と 読んでみて下さい。

するとあなたの指の下に 4 があるように かすかに感じます。

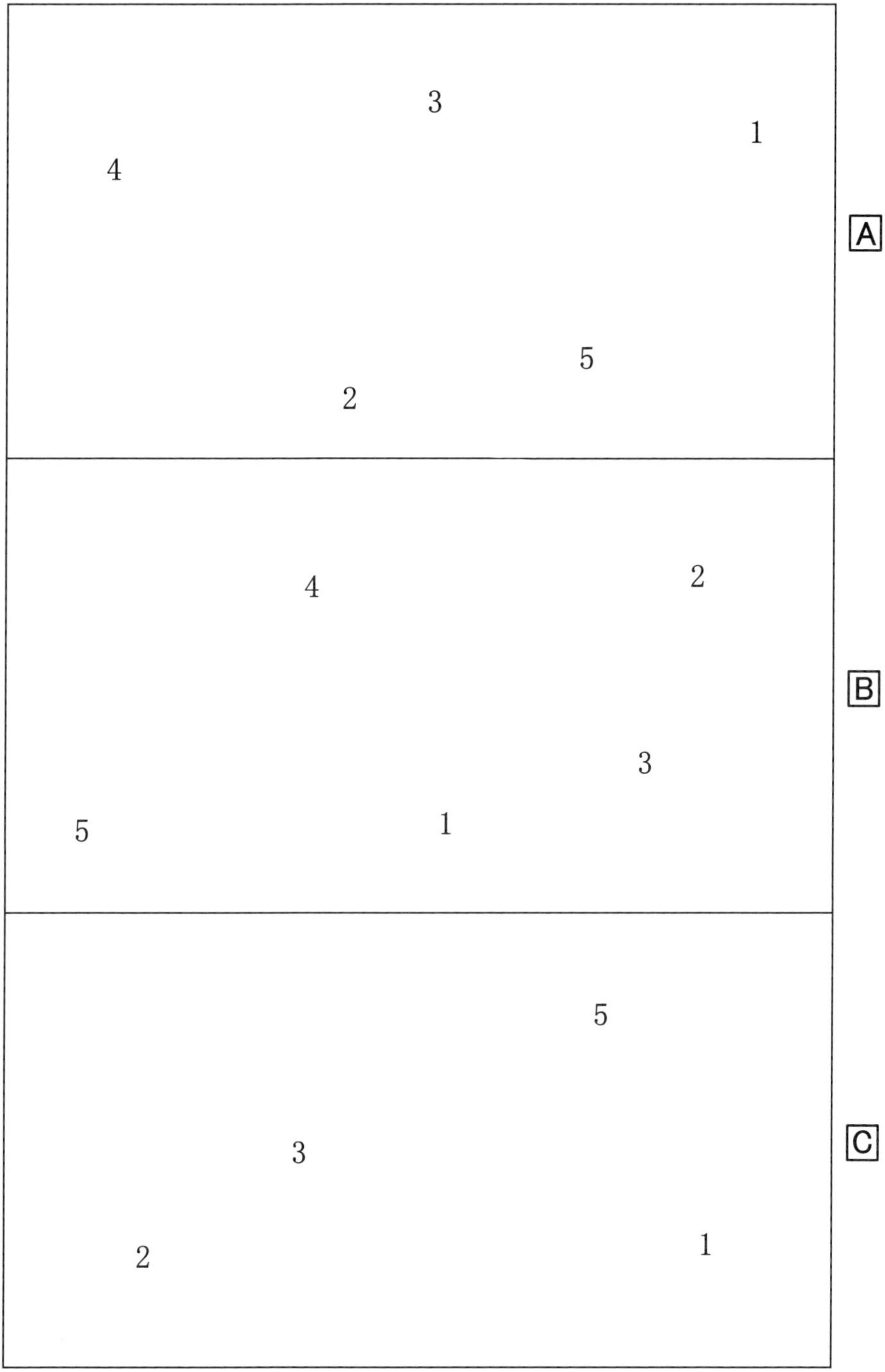

3
1
4
A
5
2
2
4
B
3
1
5
5
C
3
1
2

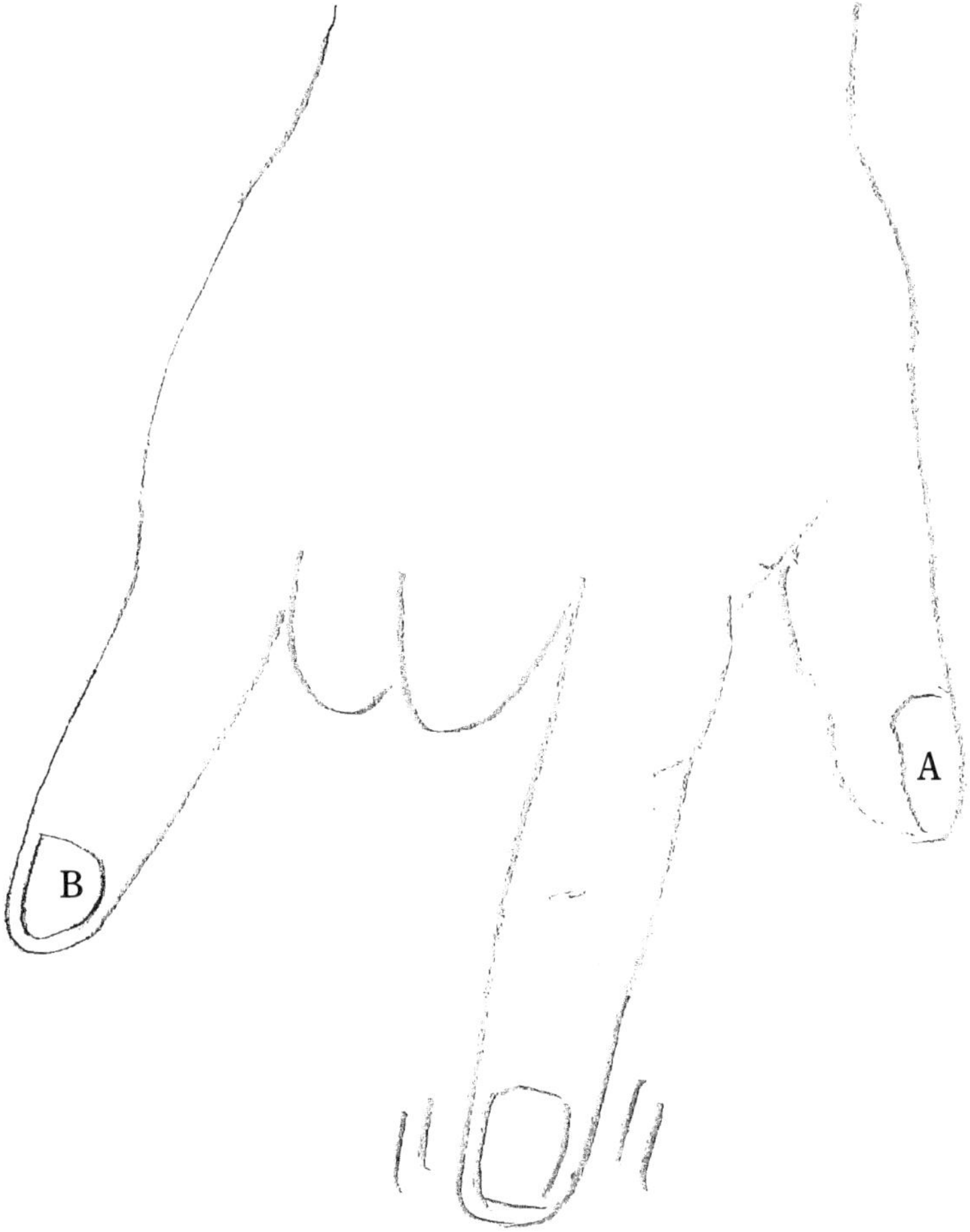

Aを右手の人差し指で、Bを左手の人差し指で
押さえてみてください。

ぐるぐる鉄棒

【一】「そのようにしか見えない」解説

P. 16　釘打ち

2枚目の写真から、釘が金槌によって下の板に打ち付けられたと同時に、上の板を釘が突き抜けてきたことが情報として得られる。2つのことが同時に起こっているので、私たちは、釘が下の板に打ち付けられて、その釘の先端が上の板を突き抜けたという理不尽な現象を飲み込まざるを得ない。実際、すんなりとそのように理解してしまう。

P. 20　粘土柱の作り方

2枚の差分から、粘土の柱を作るのに、この2人がとった行為と持っている道具の具合が分かる。うまくいった快ささえ感じる。実際は、この2枚の写真の撮影の間に、随分大変な準備をしているのだが、そんなことに想いは至らず、この2枚をカットがわりのように繋いでしまう。

P. 22　擬屈折（ぎくっせつ）

空気と水のように屈折率の異なる物質が接しているところに、物がまたがって存在すると、物の見え方が境界面で変化する。それを逆手に取り、見え方（縮尺率）の違う写真を接させると、人間には、異なる物質がそこで接しているように見える。

P. 24　鉛筆整列

自宅のリビングのような現実世界に、テレビや本というメディアがある時、メディアの中の出来事と現実の出来事は別だということは難なく分かる。しかし、一旦、あるメディアの中にメディアが含まれると、それらの中の事象は区別が難しくなる。この作品では、写真というメディアの中に鏡というメディアが含まれているが、そうすると写真に写っている鉛筆と鏡に映っている虚像の鉛筆が一瞬区別がつきにくくなる。

P. 26　点の人

人間の体の、頭・腰・膝といった要所要所にドットを打ち、それだけをアニメーションさせても、人間の如実な動きが分かる。動きが生む認知現象のひとつである。紙メディアでは、如実な動きは再現できないので、代わりに影を視覚情報として加えた。すると、ドットだけで構成された図に、妙な如実さが加味されたことが分かる。

P. 27　枠が動きます

額に入った大きな絵画がある。脇にいる人がレバーを動かすと、その額が動き、左側にずれる。しかし、中の絵は、額と同じ系にはなく、窓の外の自然のように不動のものとして存在していることが分かる。私たちは、枠組みというものは、まず動かないものだと想定して考えがちである。なので、枠組みが動くと大なり小なりのショックを受ける。しかし同時に、動いた瞬間、新しい関係構造も分かってしまう。

P. 28　指の下

最後の欄Cに置いた指の下には、数字の4がないことはあなたが一番分かっていることである。しかし、手順通り行うと、自分の指の下に4があるように微かに感じる。これは、欄Aと欄Bには、1から5までの数字が揃っていて、その流れで欄Cの中に4が見えないのは、自分が指を置いたせいだと、あなたの中でしているからである。

P. 30　抑制すると動き出す

単に、この絵を見ると、下手さだけが伝わってきます。写実性など全くない絵です。しかし、AとBにあなたの指を置いた途端、絵の中の人差し指がうごめくのが感じられるのではないでしょうか。

P. 32　ぐるぐる鉄棒

カメラを固定して、鉄棒をぐるりと昇り降りする少年を飛び飛びで撮影しました。飛び飛びの視覚情報でも、連続で見ると、人間の認知能力がその間を補完してくれます。そして、補完するあまり、地面の中をも通過するといった理不尽な分かり方を与えてくれるかどうか、実験してみました。

（二）

分かるとうれしい

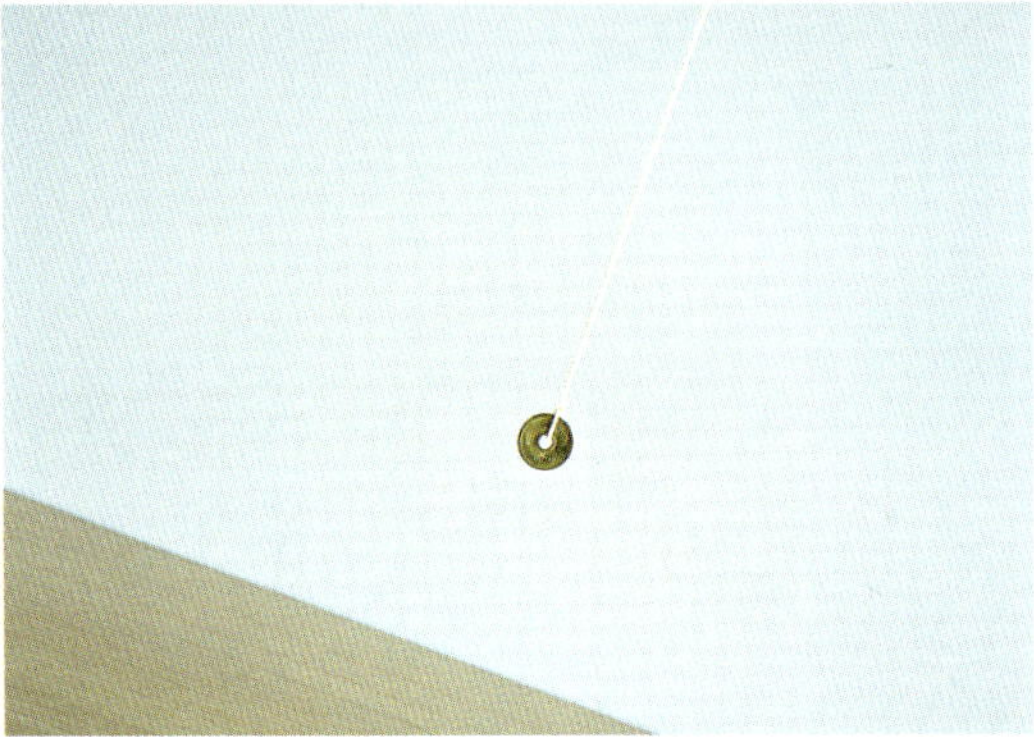
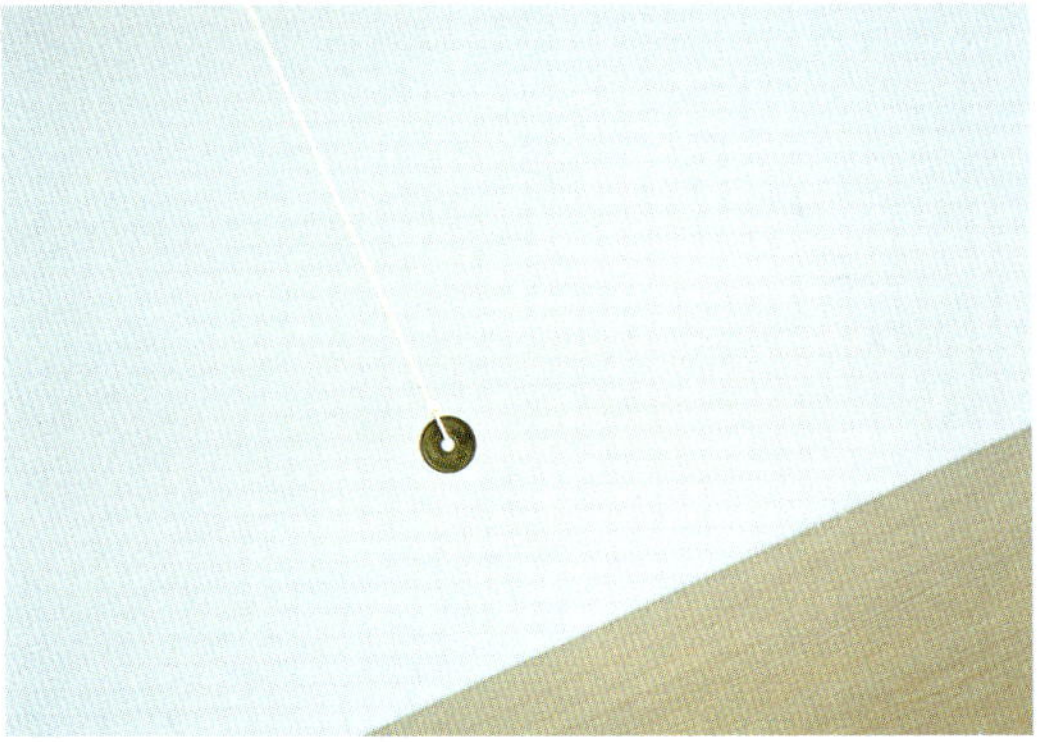
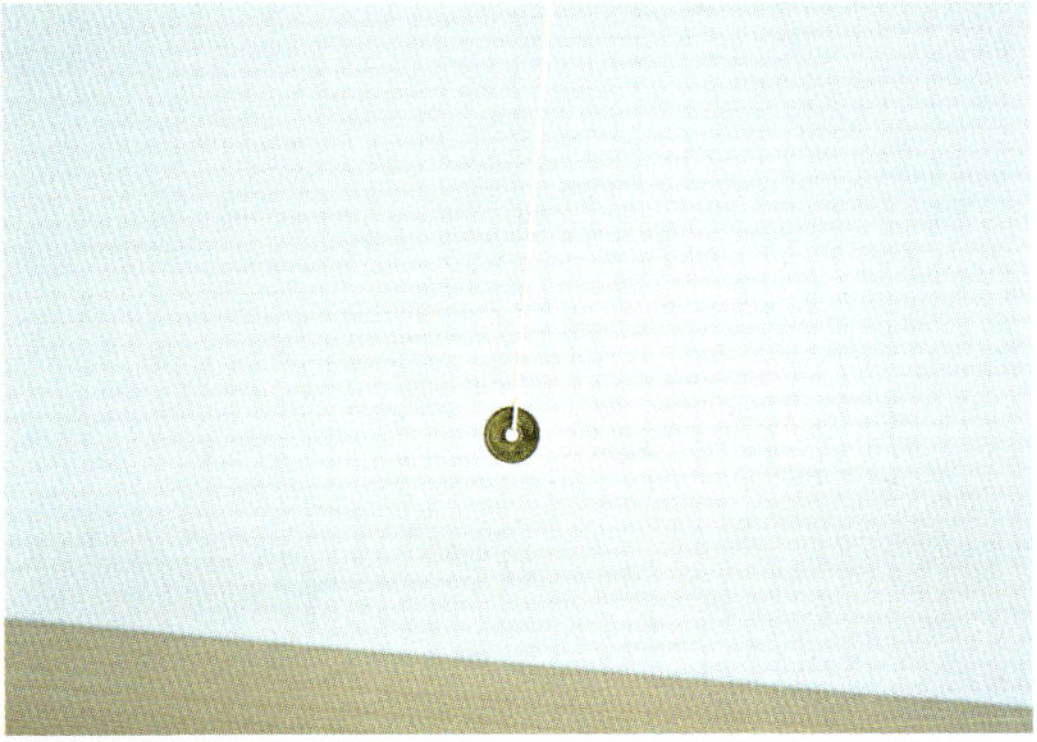

いたずら顔の理由

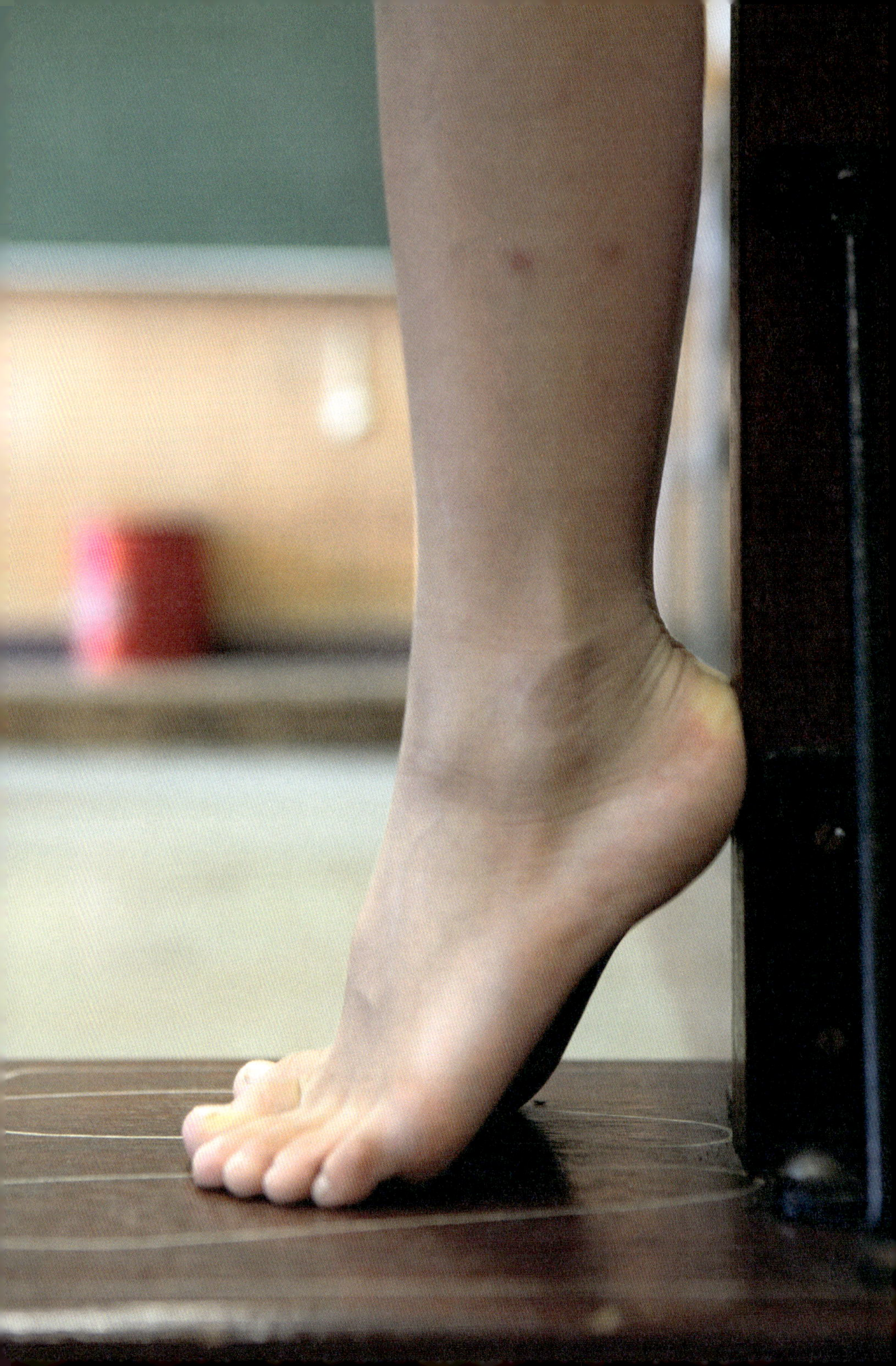

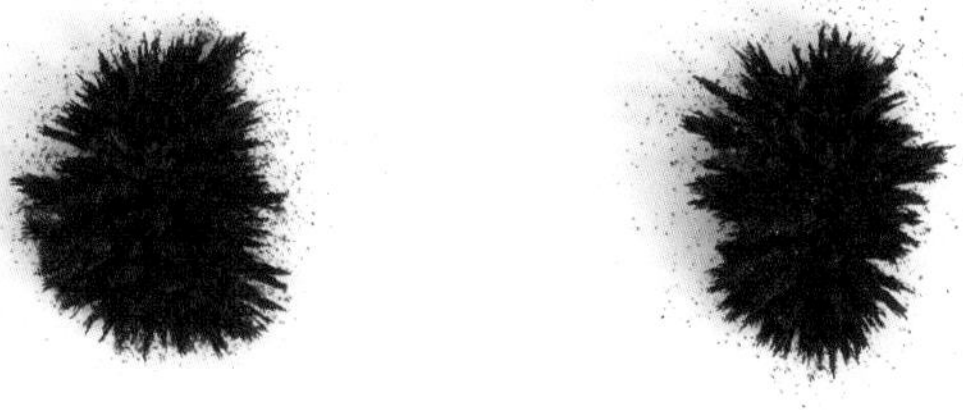

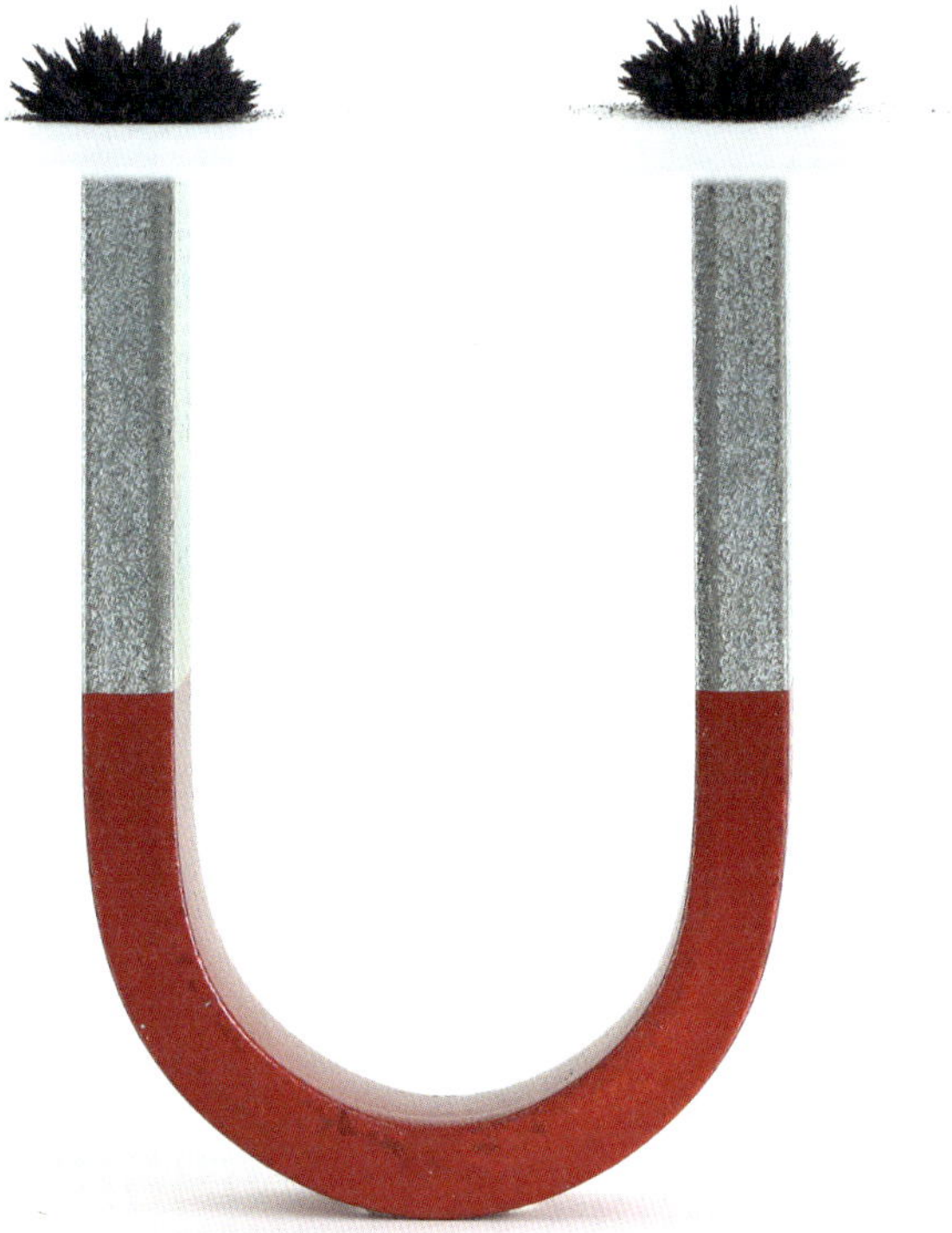

あみだくじが重複しない理由

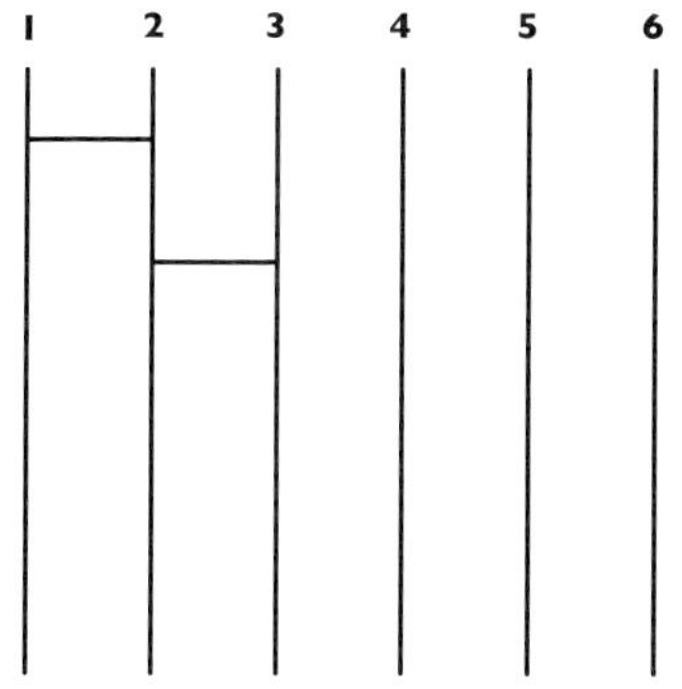

あみだくじで何かを決める時、まず
人数分のたて線をひき、その間に
任意に横線をひいていきます。

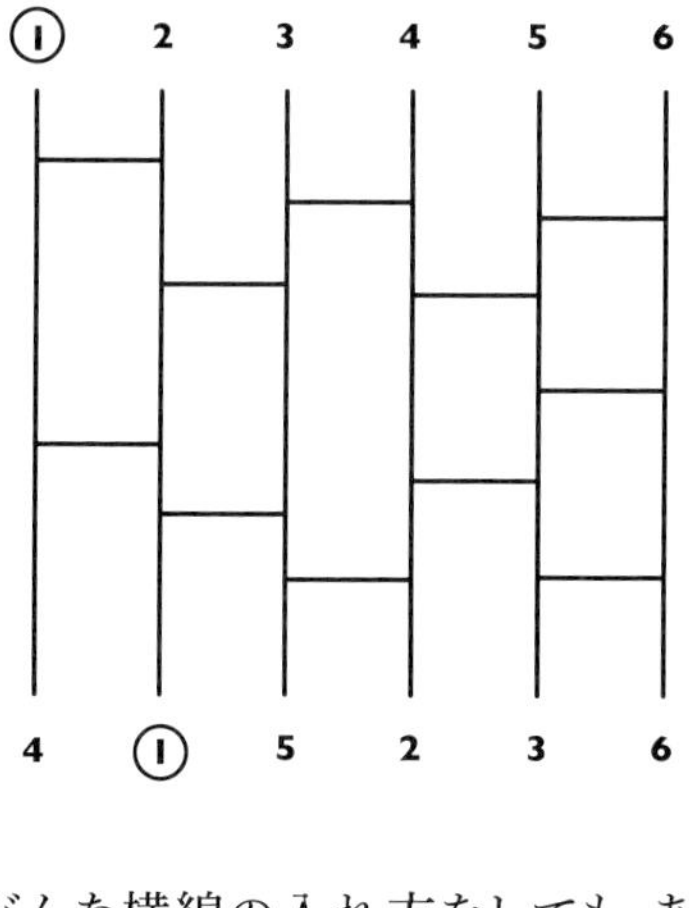

どんな横線の入れ方をしても、あみだ
くじは 絶対重複を起こしません。
その理由とは・・・

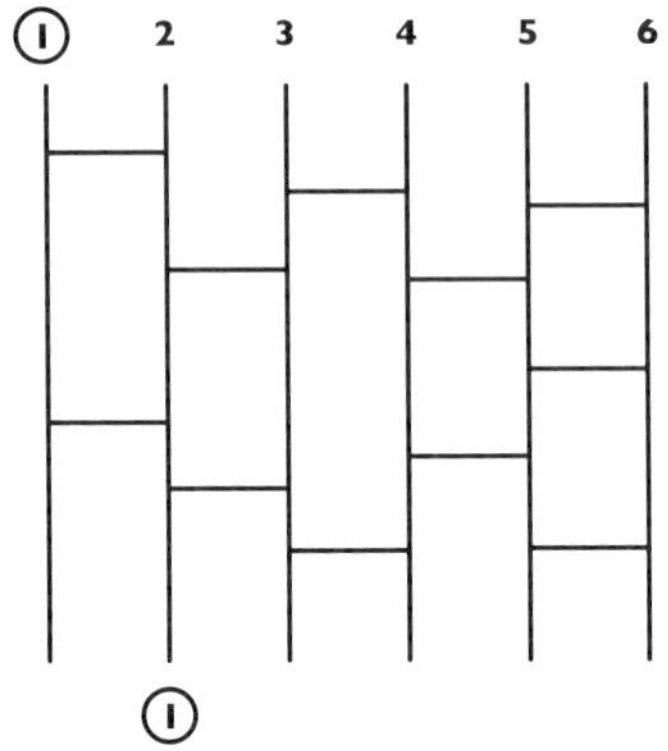

まず、各番号のみちのりから考えて
次の絵のように立体化させます。

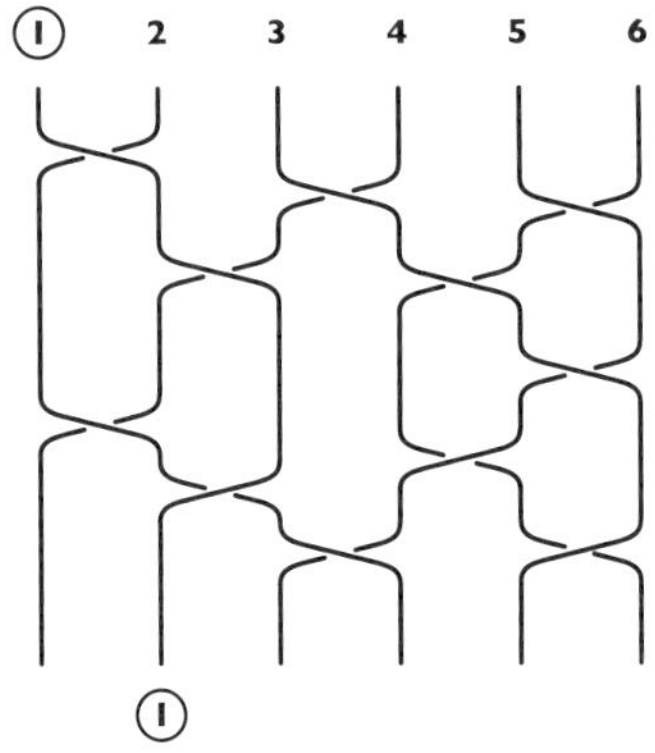

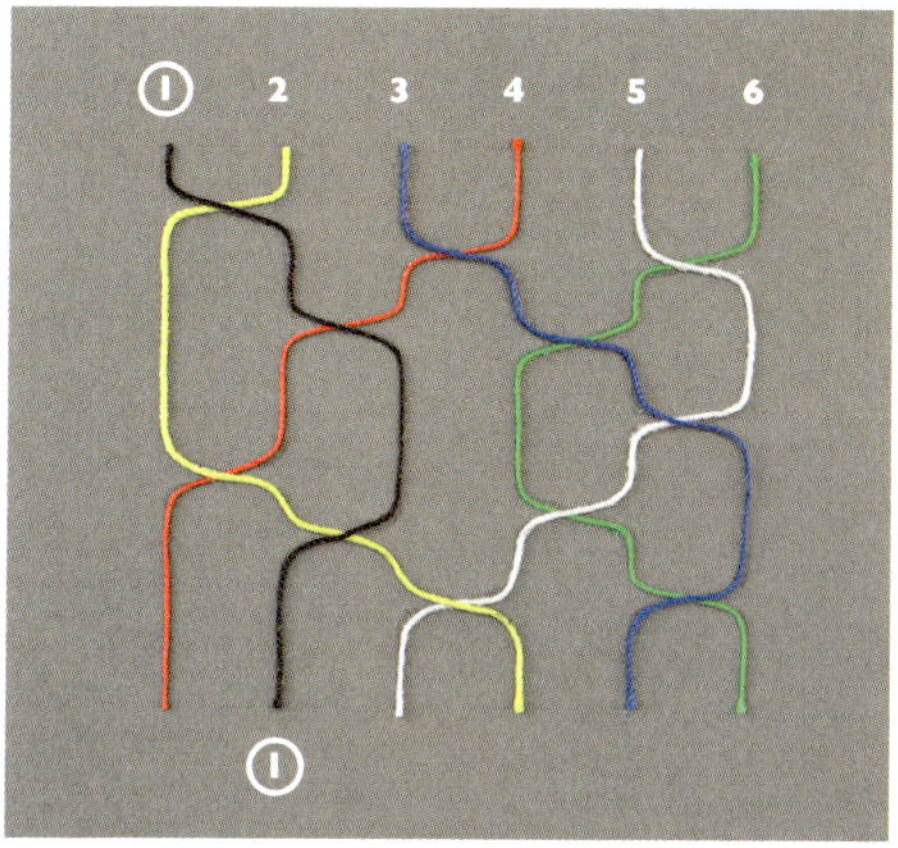

↑ それを実際に紐に置き換えてみたら
こうなります。
その紐をピンと伸ばすと

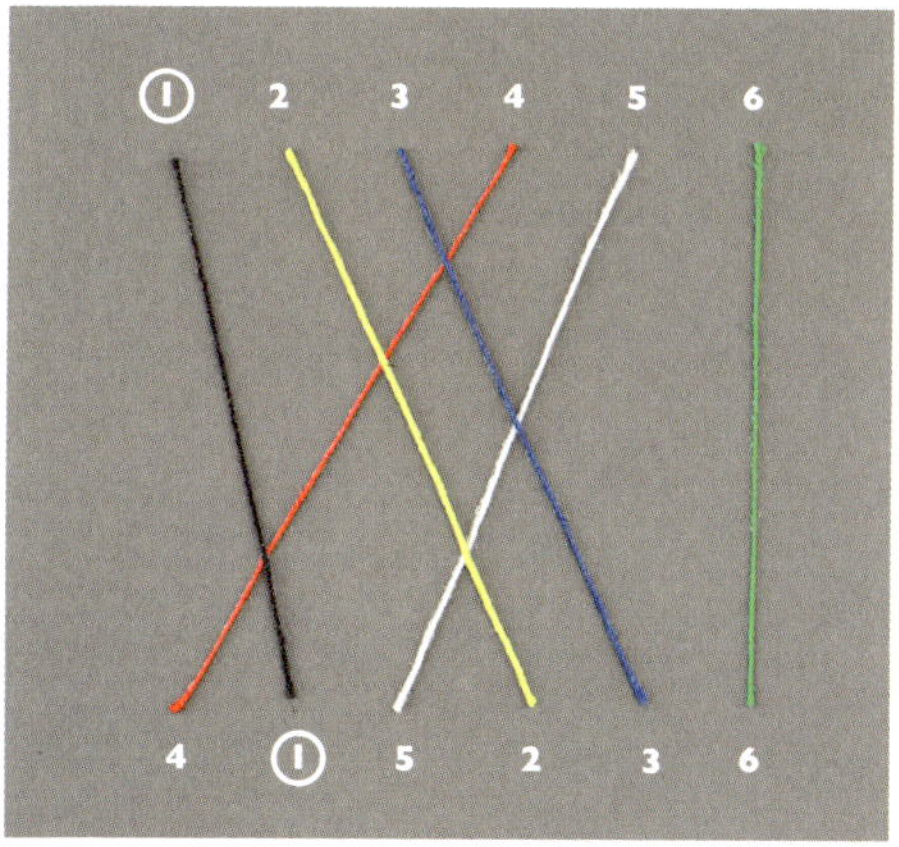

このとおり。 一見複雑に見えても、
あみだくじは「一対一対応」であることが
わかります。

8 august
dings

8 august

LIGHT
LIGHT

この人たち
何みてるのか?

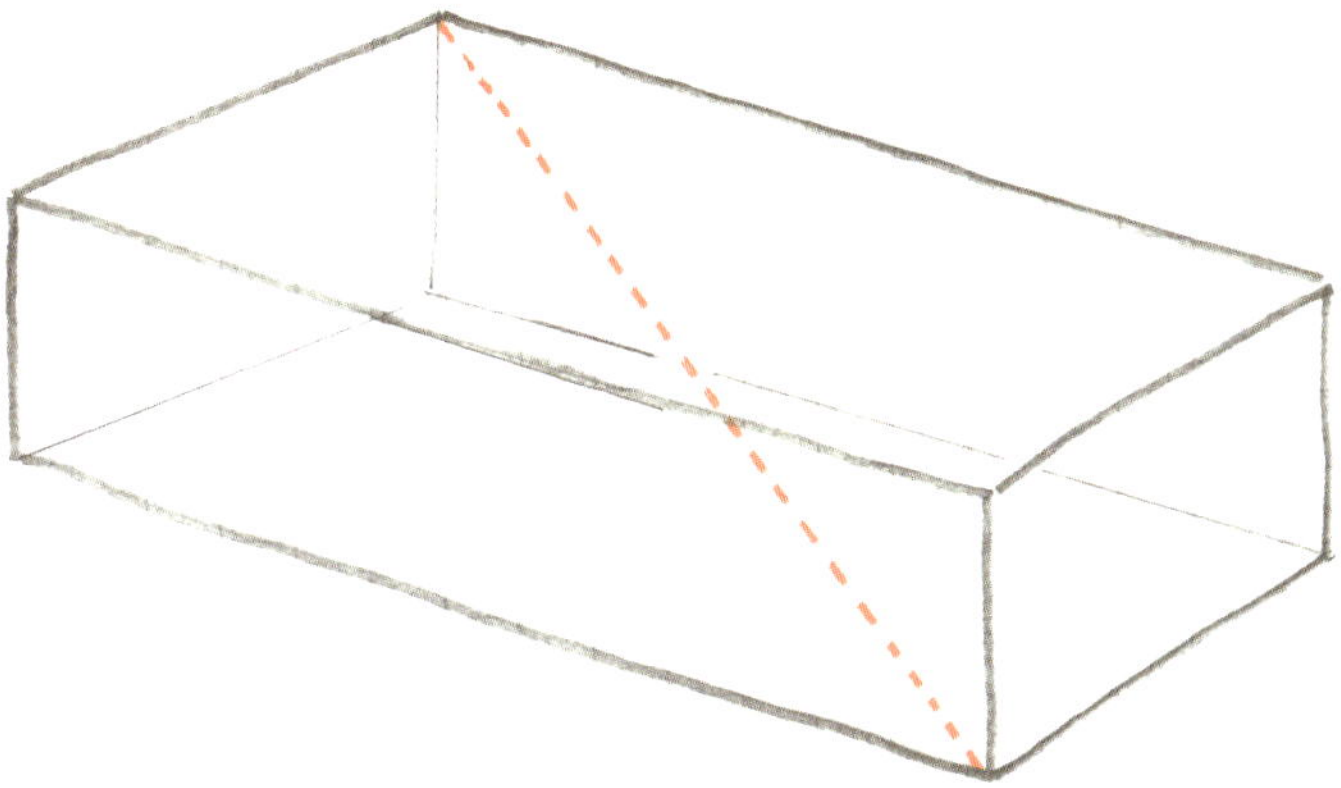

Q．ティッシュの箱の赤点線で示した対角線の長さを
簡単に求めるのにどうしたらいいと思いますか。
もちろん箱の内部なので、ものさしは使えません。

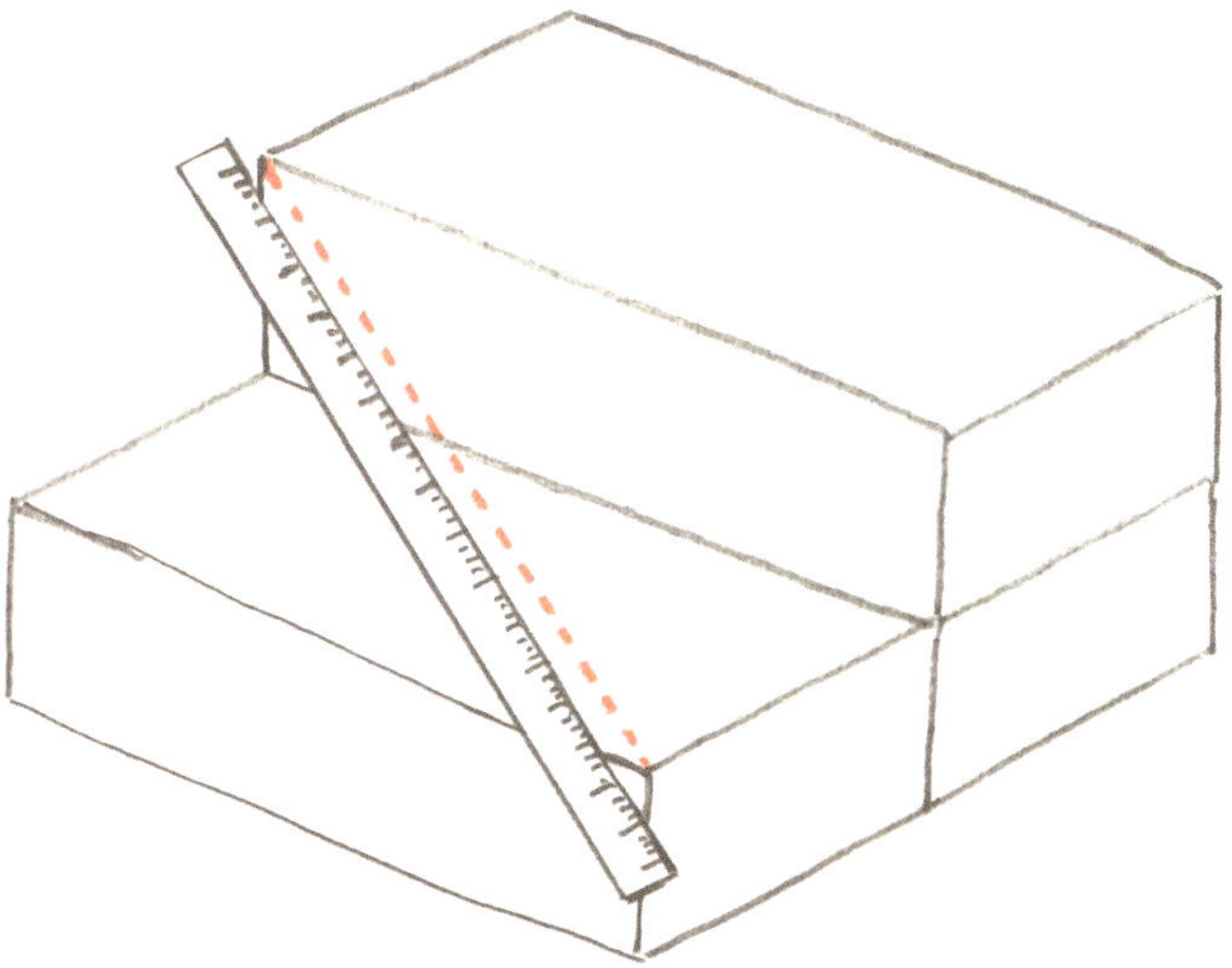

A．ティッシュの箱を図のように3つ重ねて
赤点線の長さを測ればよい。

A～B～C～D～E～F～G　の延べ距離は？

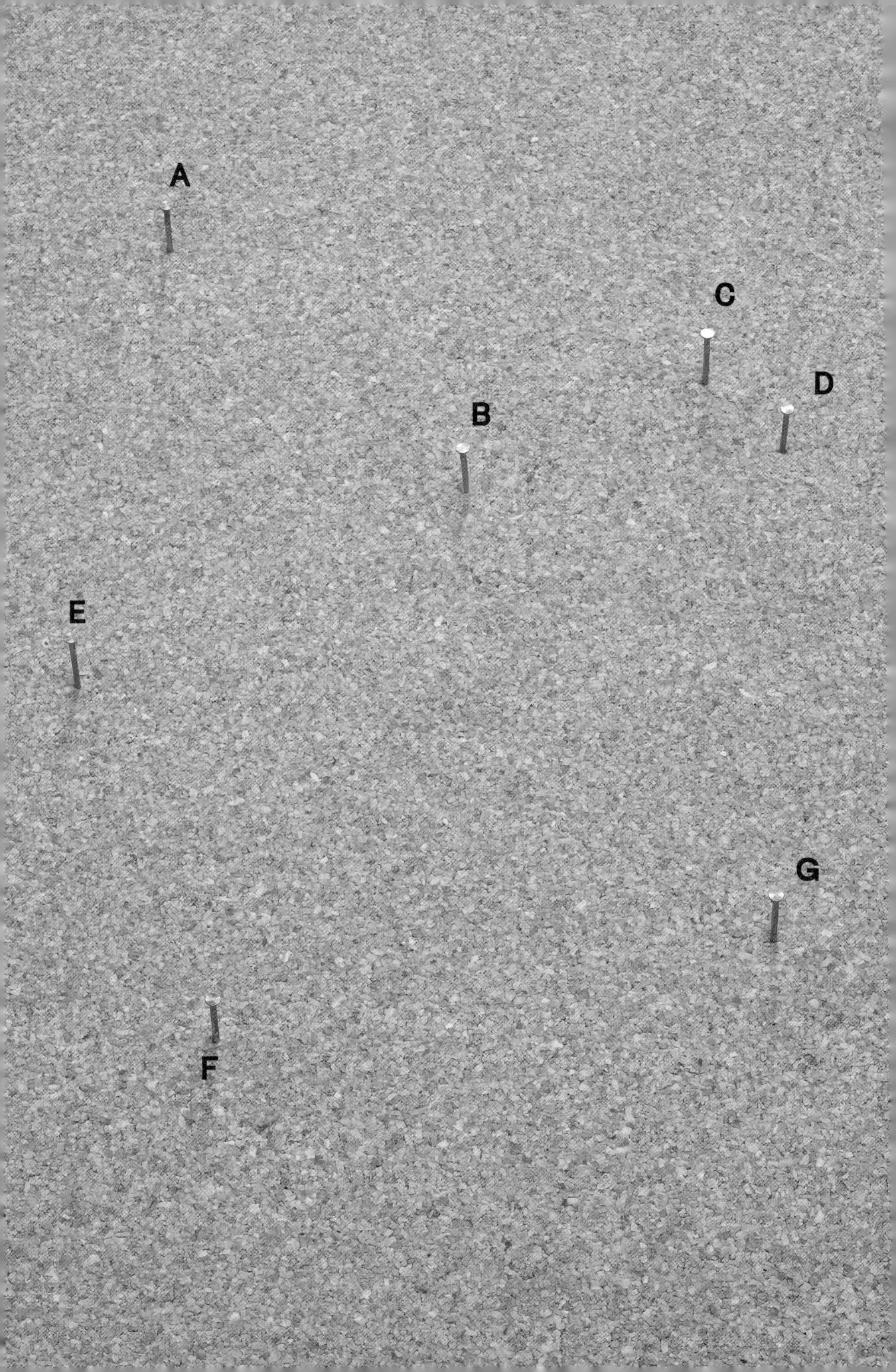
A
C
D
B
E
G
F

64.2cmでした。

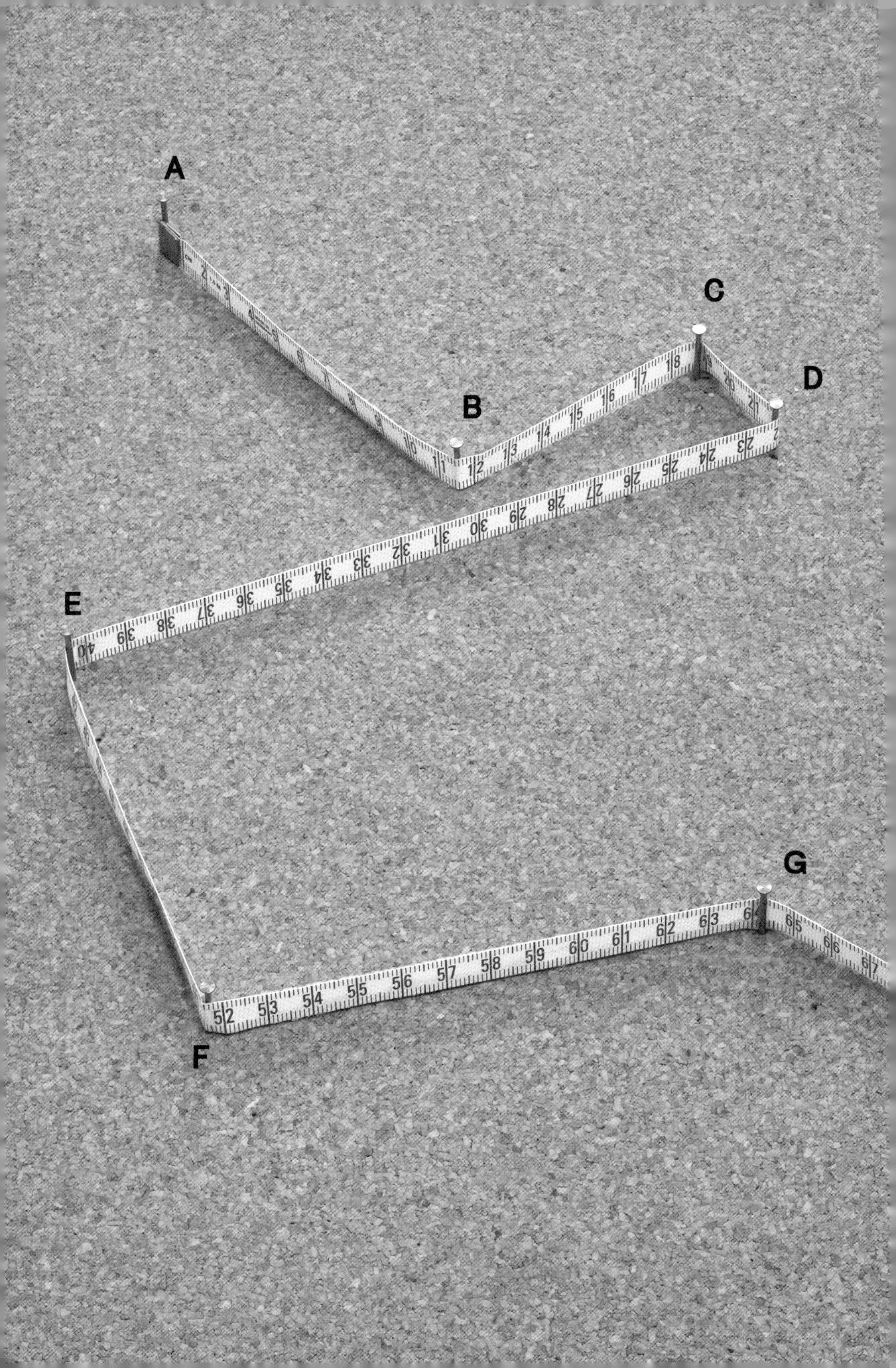
A
B
C
D
E
F
G

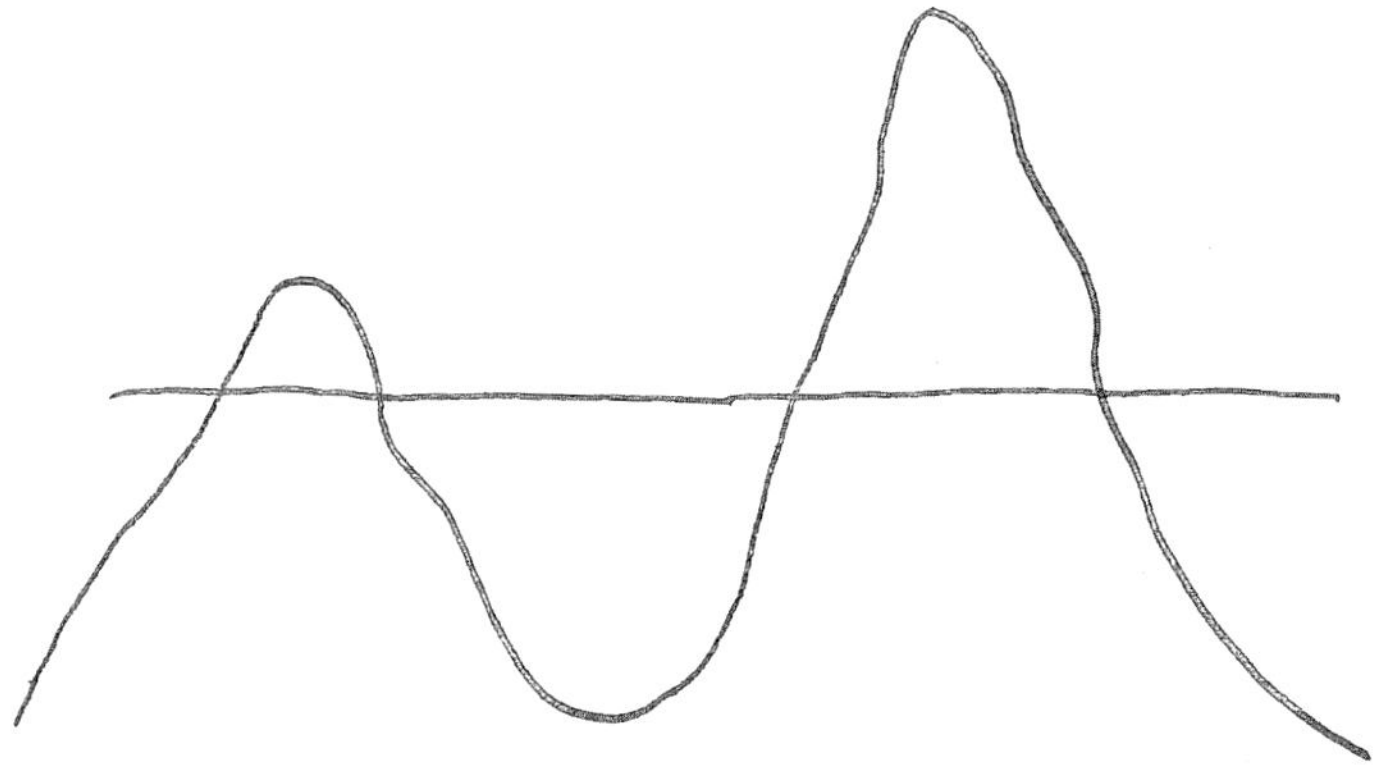

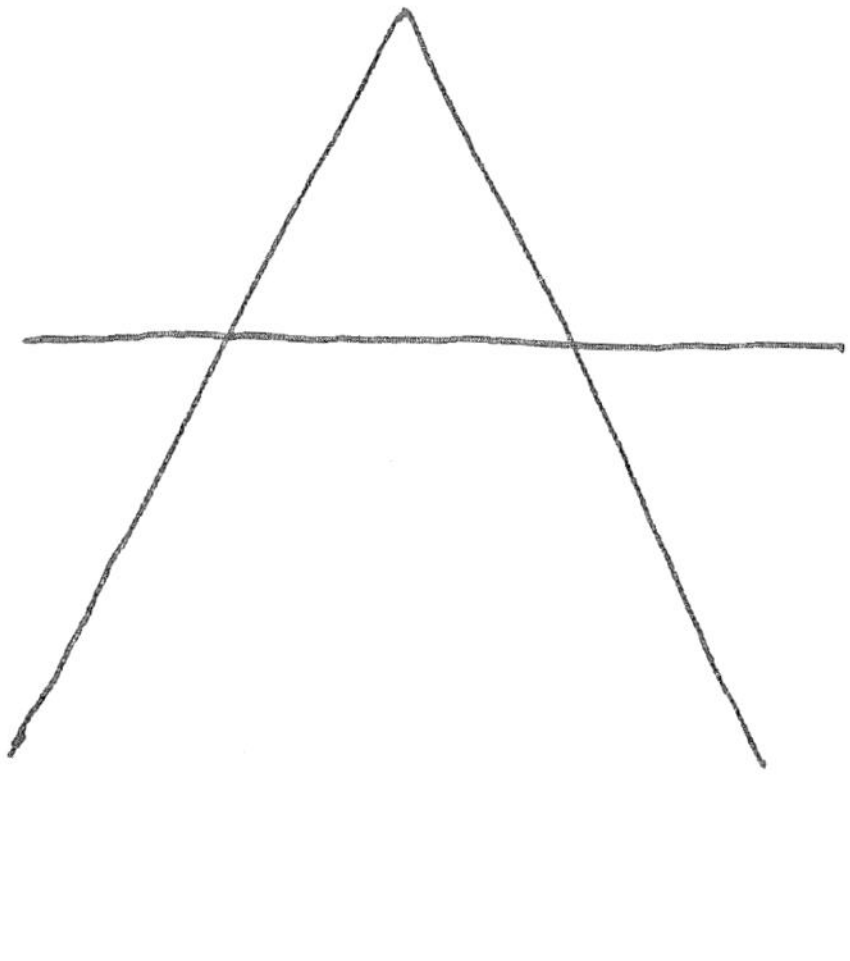

アルキメデスの原理

OPEN

GENERAL WRITING *HB*
GENERAL WRITING *HB*
GENERAL WRITING *2B*
GENERAL WRITING *B*
GENERAL WRITING *HB*

bauhaus

"軍による戦争犯罪の疑い、認める

"軍による戦争犯罪の疑い、認める

ビニール傘の２状態

ビニール傘の現況

ご存知のように、世間のビニール傘は
その安価さゆえに、
ちょっと持ってってもいいかな状態
になっている。
困ったものである。
でも、自分の名前を書いたり貼ったり
所有権を主張するのも
これまたちょっと恥ずかしかったりする。
結果、ビニール傘には
こんな２つの状態が存在している。

① 名前をつけない（アノニマス状態）
＝ 誰のものか分からない。

② 名前が書かれている
＝ 所有者が明示されている。
（見ることは稀）

ビニール傘の３状態

最近、
その2つの中間の状態が生まれている。

① 名前をつけない（アノニマス状態）
＝誰のものか分からない。

⑴.⑸ 名前はつけないが、リボンや目印をつける
＝誰のものか分からないけど、
誰かのだということは分かる。

② 名前が書かれている
＝所有者が明示されている。
（見ることは稀）

――以上。

秤《はかり》の皿がいつも水平な理由

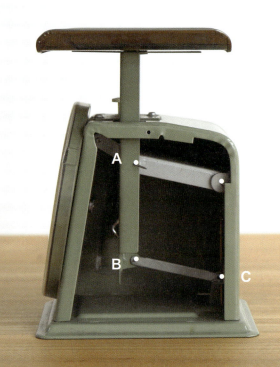

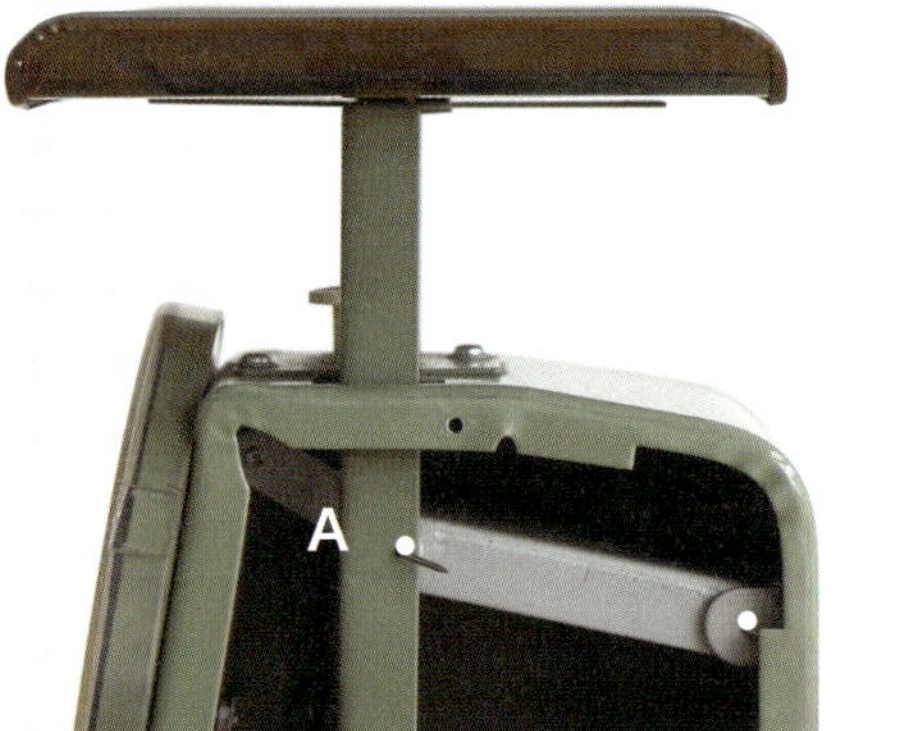

秤の中を見てみると、
$\overline{AB}=\overline{DC}$、$\overline{AD}=\overline{BC}$ となっている。
つまり、四角形ABCDは平行四辺形

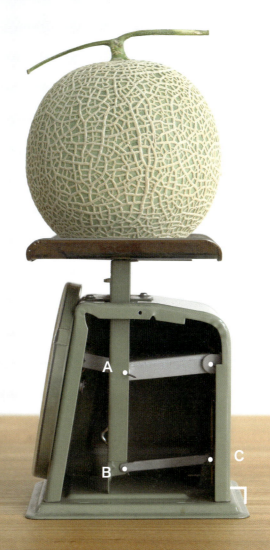

故に辺ABと辺DCはいつも平行。
そして、DCは机に対して常に
垂直になっているため
DCと平行なABも常に机に対して垂直。
よって、上の皿はいつも水平に保たれている。

さて、二人は何の絵本を読んでいるのでしょう

第二・わだかまり

加えると、四角錐だったということが分かります。

P. 68　アルキメデスの原理

シーソーの右側に乗っているものが、木や金属などの固体なら、鉛筆で押し付ければ、傾くのは分かる。しかし、水のような押さえ甲斐のないものでも、浮力が働き、手ごたえを少し感じ、その分で、押さえることができる。その様子がこの２枚の写真から分かる。

P. 70　カメラ四すくみ

右頁は、単にカメラを横アングルから撮影した写真群にしか見えない。この時のカメラは写されている対象物としてのカメラである。ところが、左頁の写真を見ると、対象物にすぎなかったカメラが撮影していた主体でもあったことが分かるのである。

P. 72　縮退／確認

写真は２次元情報だから縮退（前述）が起こる。一番上の写真は横一列に並んだ鉛筆で、奥行き情報は欠如している。しかし、同じアングルからでも、２番目の写真のように遮蔽関係の情報を付加すると、大雑把な奥行き情報は得られる。むしろ、同じ横並びではなかったんだという分かり方をする。しかし、一番下の平面図的情報を与えられると、鉛筆の位置関係の空間情報は完璧となる。情報的には一番上と一番下だけで充分とも言えるが、真ん中の情報が人間にとって面白いのは考察に値する。

P. 74　セルフ散髪

この青年がやっていることがよく分かる。それを分からせているのは、表現の中にある、モニターやカメラといったメディアの存在である。カメラが狙っている方向から、彼がモニターの中に見ているのは、彼自身の後頭部だということが分かる。表現の中にメディアが存在すると、その表現の中に特殊な構造が生まれる。そして、それを読み解くことで意味が分かってくる。

P. 76　off / on

随筆の章「同じ情報、違う価値」209頁〜を参照。

P. 78　ビニール傘の３状態

ご存知のように、数には有限と無限がある。例えば、人間の数は有限だし、数学における自然数の数は無限である。その２つの状態でこの件に関しては、終わりにしていた。ところが、集合論を学ぶと、その無限にも可算無限と非可算無限という状態に分かれることが分かった。新しい状態を知ることは、それを知らなかった今までの人生を更新するような気持ちになる。

P. 80　秤の皿がいつも水平な理由

機械工学を勉強すると「平行定規」という名前のメカニズム（機構）が出てくる。同じ長さの直線アームを２組用意して連結すると、小学校の時、習った平行四辺形が生まれる。この平行定規は、常に平行を保って動くため、この秤のように水平を保持したい暮らしの所々に秘かに活躍している。ビスなどを入れる道具箱、料理に使うトースターなどひっくり返っては困るところに潜んでいる。

P. 82　何の絵本？

随筆の章「同じ情報、違う価値」209頁〜を参照。

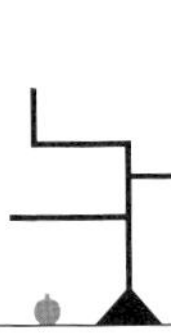

【二】「分かるとうれしい」解説

P. 36　5円玉とカメラ

激しく揺れている５円玉。しかし、左頁を見た途端、揺れていたのは、５円玉を撮影していたカメラの方だったということが分かる。５円玉は微動だにしていない。普通、写真を見る場合、私達は、写っている対象については注意深く見るが、カメラがどのように置かれているかといった状況には、意外と無頓着である。無意識に、スチル・カメラはstill（静止）していることを前提としてしまっている。

P. 38　いたずら顔の理由

１枚目の写真：少年の浮かべている笑みの愛らしさに、私達は理由もなく微笑んでしまう。
２枚目の写真：少年のかわいい企みが瞬時に分かり、同時に、その笑みに含まれていたいたずらっぽい表情の理由も分かる。そして、また微笑んでしまう。

P. 43　砂鉄

１枚目の写真において、物質が放つただならない様相が認められる。しかし同時に、このただならなさには微かだが確かに見覚えがあることも分かる。

P. 46　水の影

私達は影だけで実体の状況が如実に分かる。もっと言えば、影だからこそ、この金魚が浮いているという事が抽出されて実感として分かるのである。直接、金魚のいる水槽を見ても、「浮く」という事がここまで分かるだろうか。

P. 48　あみだくじが重複しない理由

概念を分かってもらうために、紐で実体化した。現実を理解するために概念化することもあれば、概念を理解するために現実を利用することもある。

P. 52　扇風機

風、つまり空気の流れは見えません。しかし、見えなくとも、このように分かることは可能なのです。

P. 55　LIGHT

光にとっては、遮るものの色は関係ない。青色ペンキの文字で遮ろうと、黒色ペンキの文字で遮ろうと対応は平等である。通れるか、通れないか、光にとって、それが重要である。

P. 56　この人たち何みてるのか？

他人の視点や他人の考えを分かることは、それだけで嬉しかったりする。

P. 59　ティッシュの箱の対角線の長さ

手の入り込む由（よし）もない内側の長さを測るにはどうしたらいいか。こちらの手が入り込めないとしたら、測りたい長さをなんとか外に持ってこられないだろうかと考えます。そしてスーパーでまとめ買いしたティッシュの箱を３つ使って、内側の長さを外に作ることに成功したのです。内在しているものを外在化させる、これがこの問題から学べることです。

P. 62　釘間の距離のはかり方

紐を使っても、もちろん出来ますが、布製のメジャーがあると、そのまま目盛りを読めば距離が分かります。つまり、工程がひとつ短縮されるのですが、楽というよりも、そういう機転が嬉しさを呼びます。

P. 66　標高の断面

３次元のものを２次元で表すと、どうしても情報が１次元分失われます。その現象を「縮退（しゅくたい）」と呼びます。上下にある図のうち、下のものは側面図ですが、それだけでは、元の形が分かりません。例えば、左の下図だけだと、この尖った形が円錐なのか三角錐なのか分かりませんが、上に置かれた平面図を情報として

（三）

本というメディア

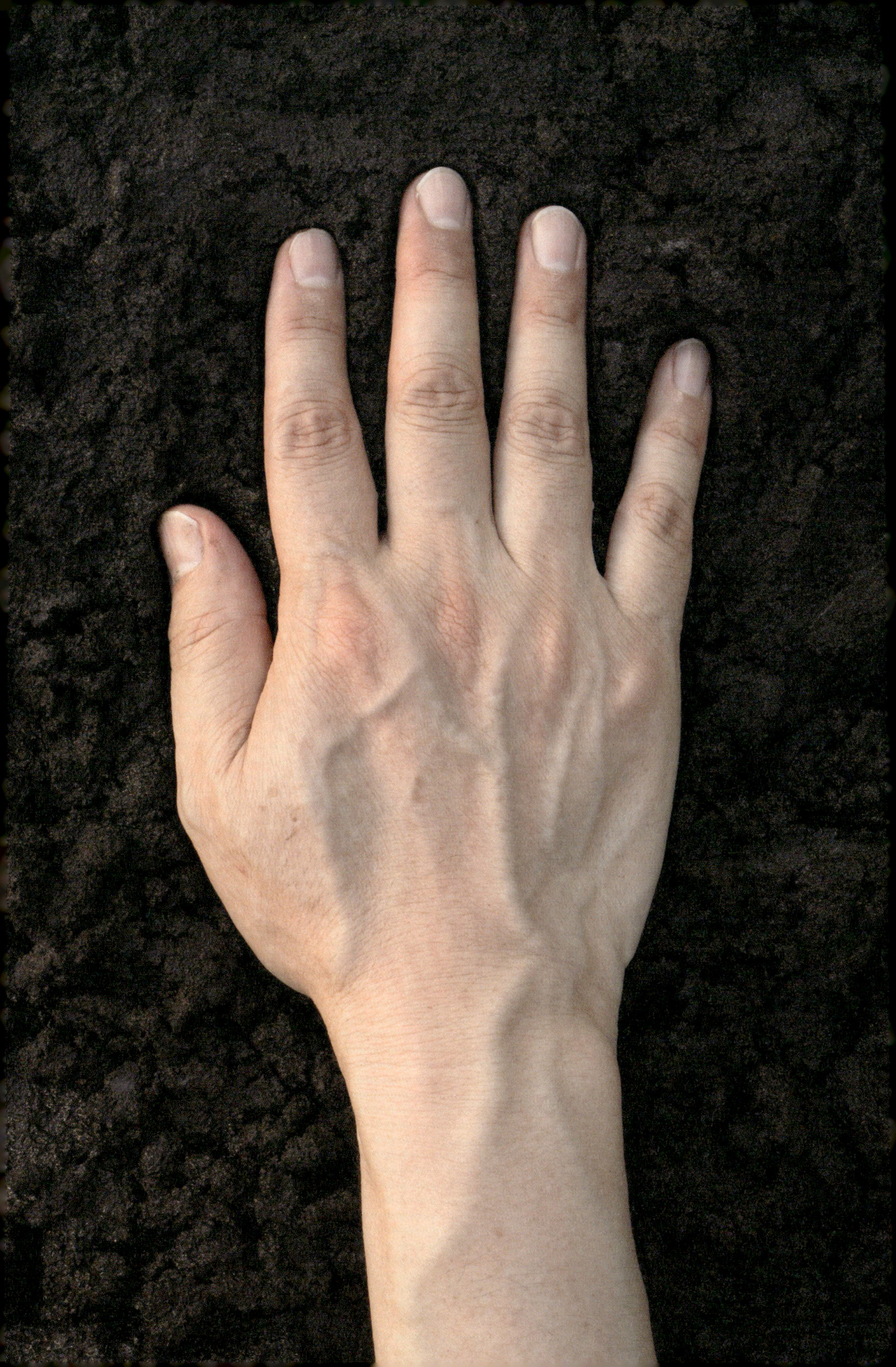

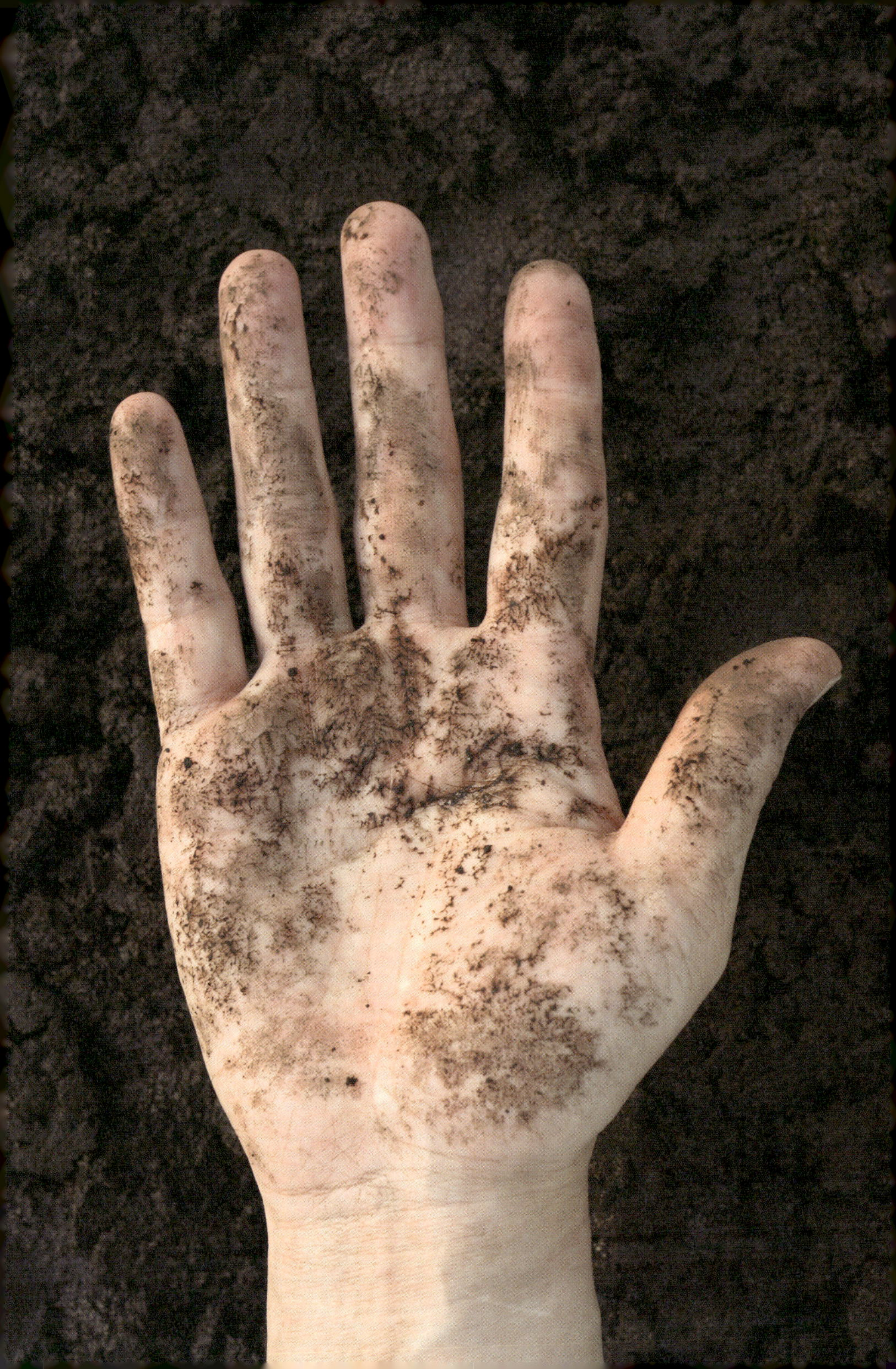

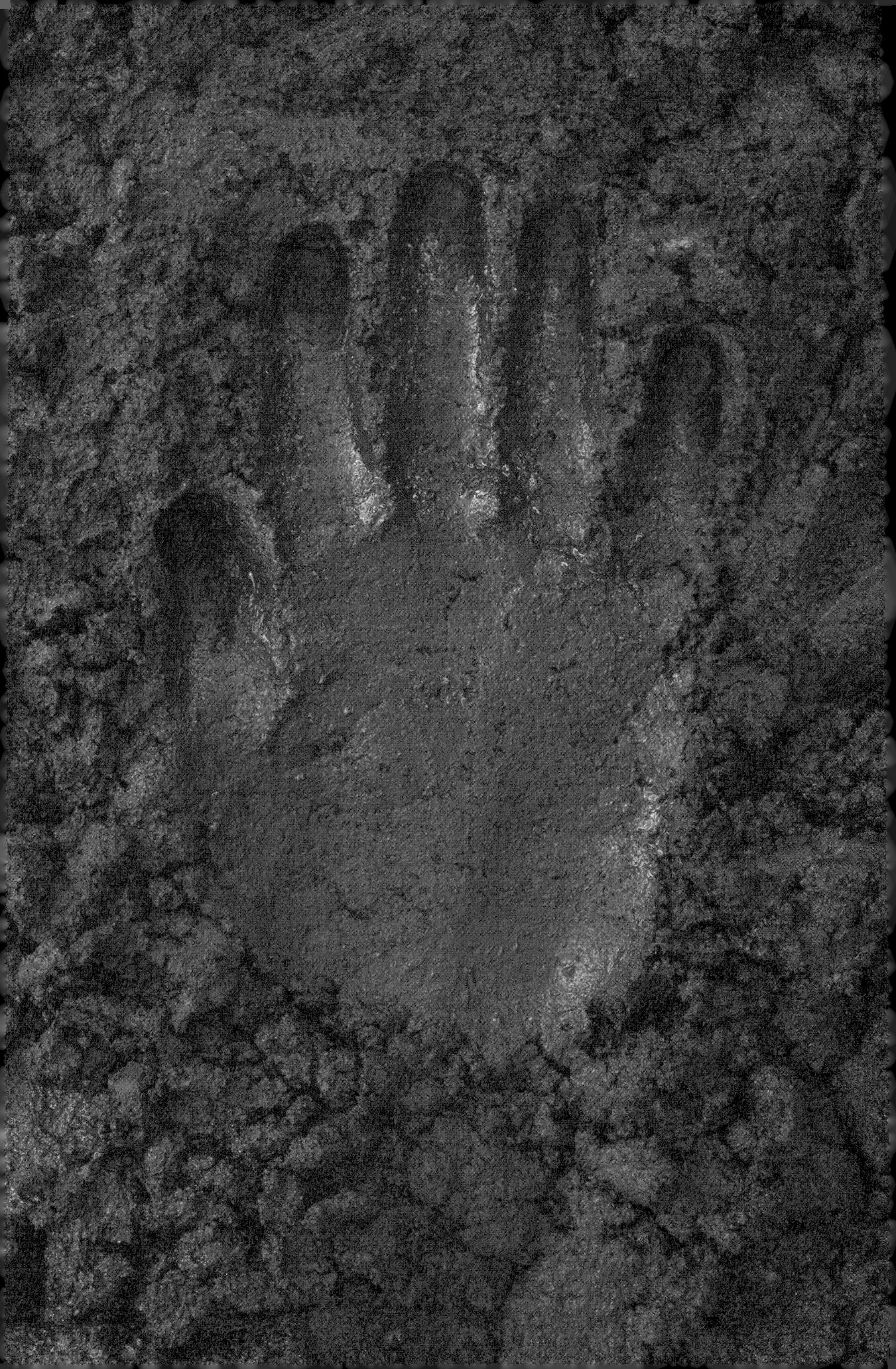

新しい
分かり方
佐藤雅彦
中央公論新社

お礼がしたい
あなたのこと

頁の表皮

この見開き頁の紙は、
オニオンスキンのような極めて薄い膜が
何層にも重なっているものと
信じてみる。

その上で、
いちばん上の表皮に当たる一枚を
ずらすと
このようになった。

頁の表皮

この見開き頁の紙は、
オニオンスキンのような極めて薄い膜が
何層にも重なっているものと
信じてみる。

その上で、
いちばん上の表皮に当たる一枚を
ずらすと
このようになった。

頁の表皮

この見開き頁の紙は、
オニオンスキンのような極めて薄い膜が
何層にも重なっているものと
信じてみる。

その上で、
いちばん上の表皮に当たる一枚を
ずらすと
このようになった。

【三】「本というメディア」解説

P. 88　土に手

頁をめくると、土の上に置かれた手も、めくることになります。手をめくるなんて、初めての体験ではないでしょうか。めくられた手には、土が付いています。めくられた土の上には手の跡が残っています。普段は、意識はなくとも、身体が記憶している「頁をめくる」という所作が、この作品を体験すると、そこだけ取り出されたかのように示されます。

P. 92　しおり

右頁の写真にある書籍の小口（こぐち）から、栞（しおり）の断片がのぞいている。左頁を見ると、一片がはみ出た栞の写真がある。大きさは違えども、小口で切り取られた様が、両頁の写真とも同じなので、そこが何故か繋がっているような少々狂った空間が生まれる。メディアにおける自己言及的な表現のひとつ。

※ 小口=背と反対側の本の側面

P. 94　紙の裏からこんにちは

紙は透ける。ということは、裏からのコミュニケーションも可能である。ということは、裏に人のようなものが存在することも可能である。

P. 98　頁の表皮

メディアに、いろんなイメージスキーマを適用すると、新しい表現が生まれることが多い。例えば、「表と裏」というイメージスキーマを適用すれば、前作品の「紙の裏からこんにちは」になるし、「ワープ（非連続的連続性）」というイメージスキーマなら、「釘打ち（16頁）」、「しおり（92頁）」になる。この作品では、「表皮」というイメージスキーマを頁に適用した。

※ イメージスキーマ（image schema）とは、もともと認知言語学の用語で、動詞や前置詞などを言語分析・理解するのに、それらが使われている背景にある共通の認識を抽出し、それを図式化したものである。さらに、もっと広い意味で使われるようになり、さまざまな事象を分析・理解するために、それらの中の共通性を見出し、それを図式的に表す知識構造のことを示す。

(四)

分かると分からないの間

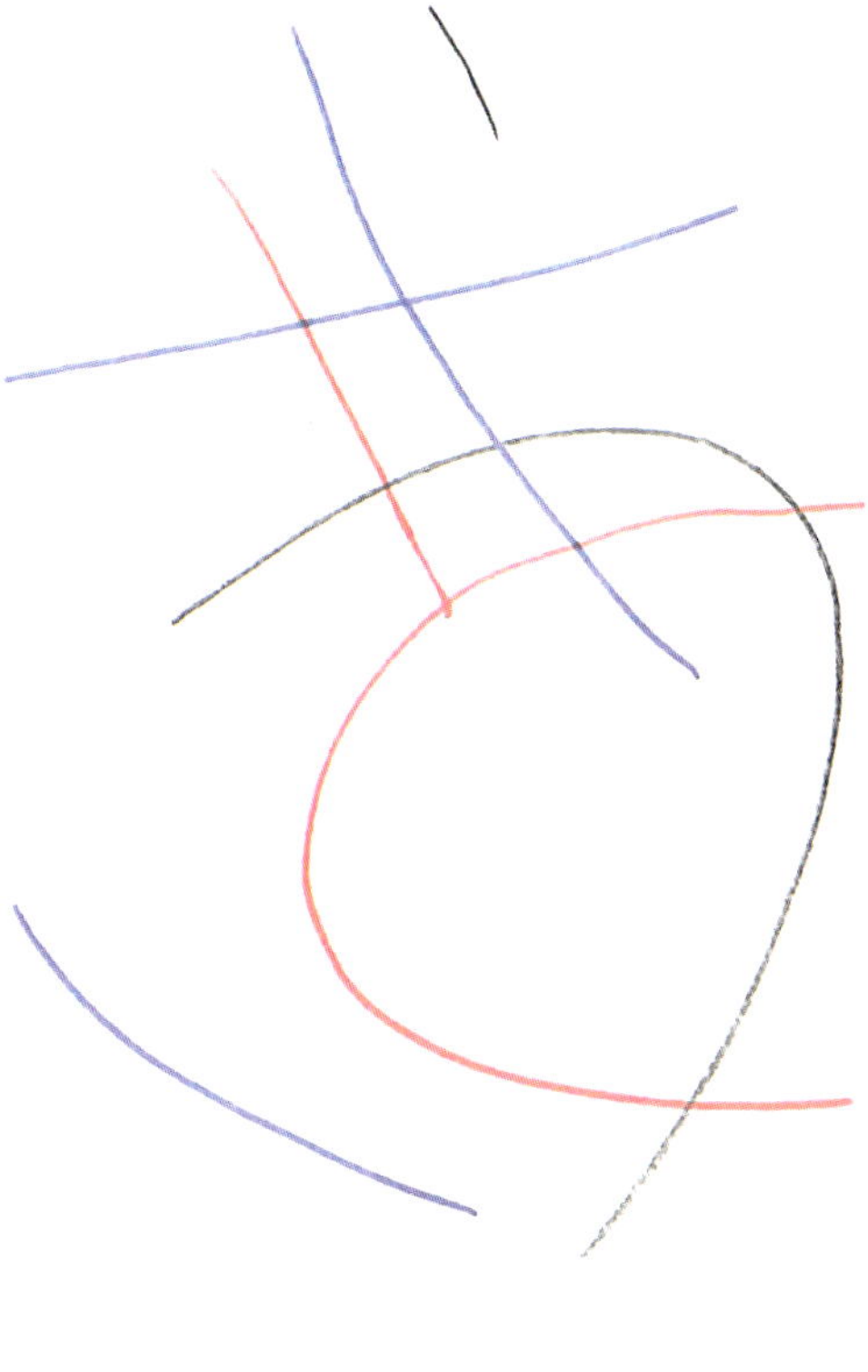

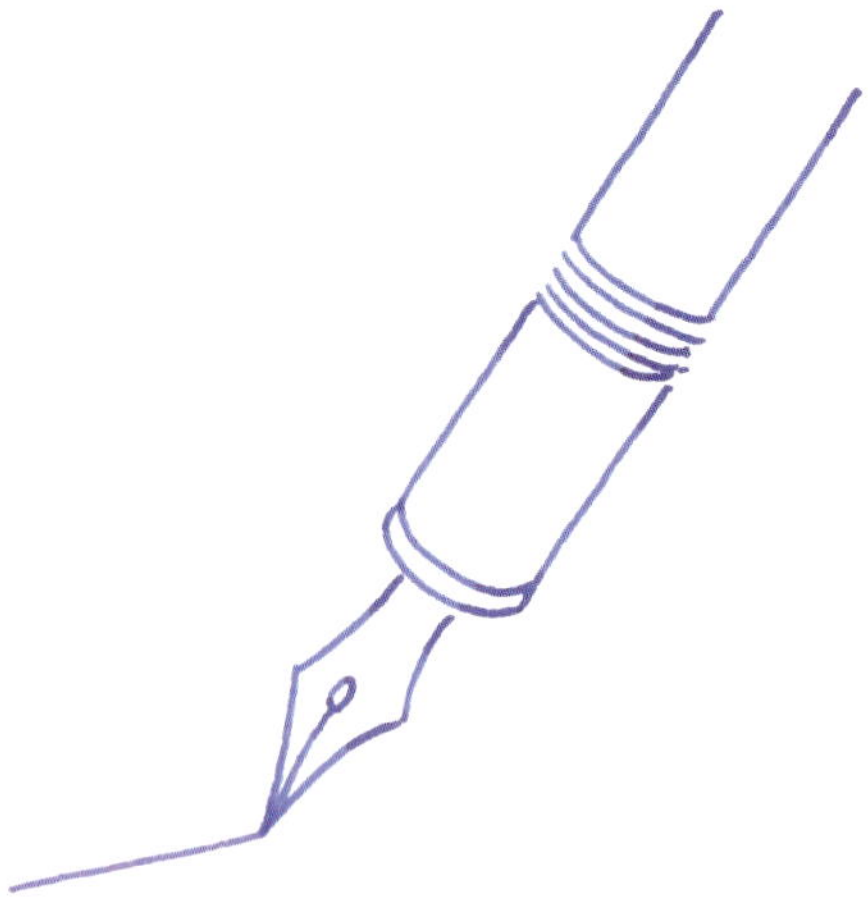

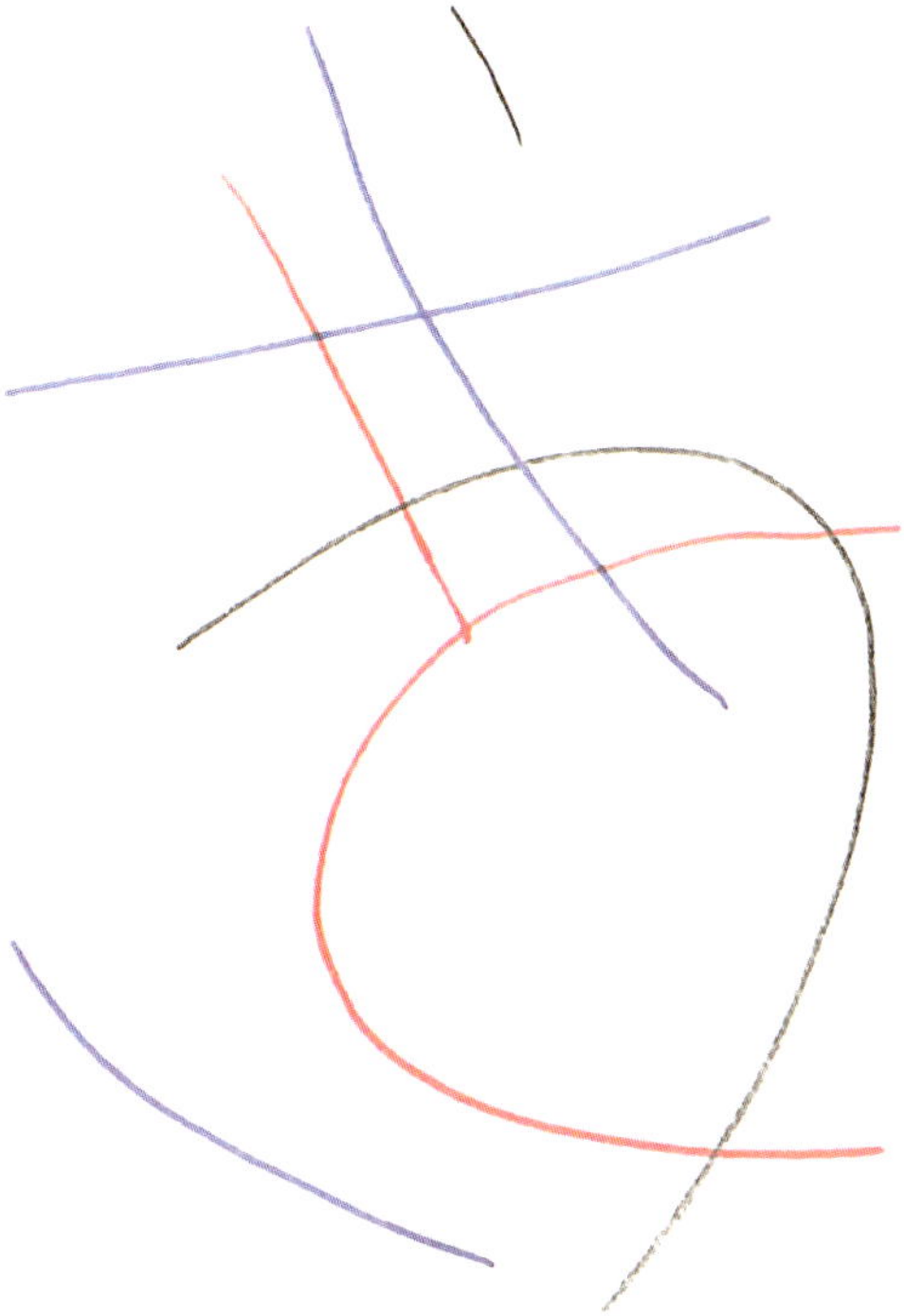

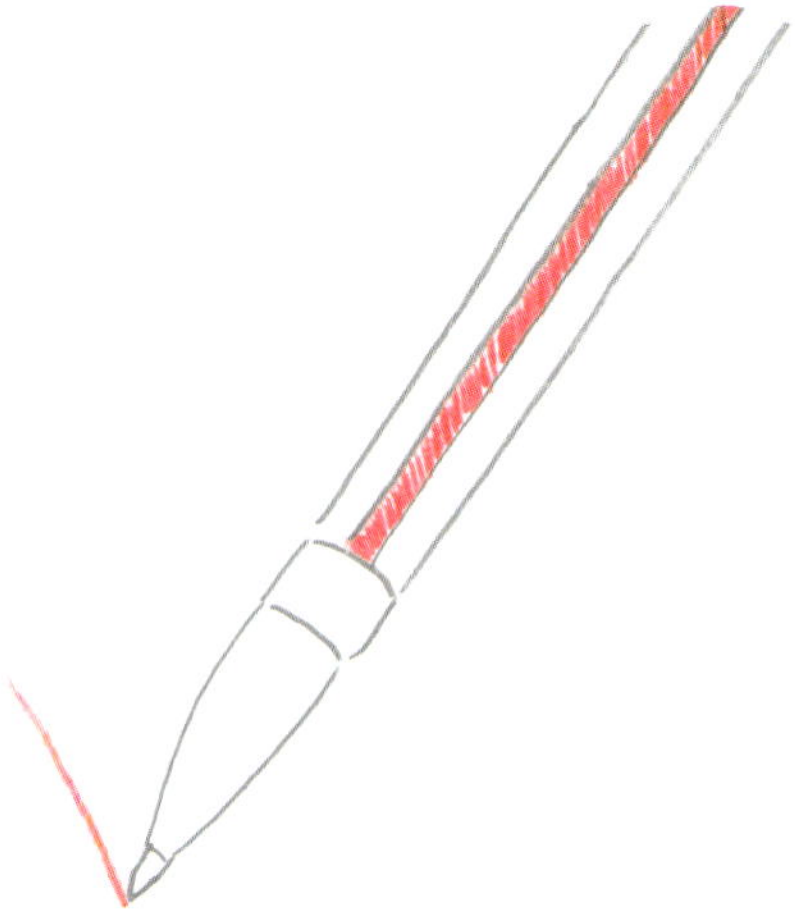

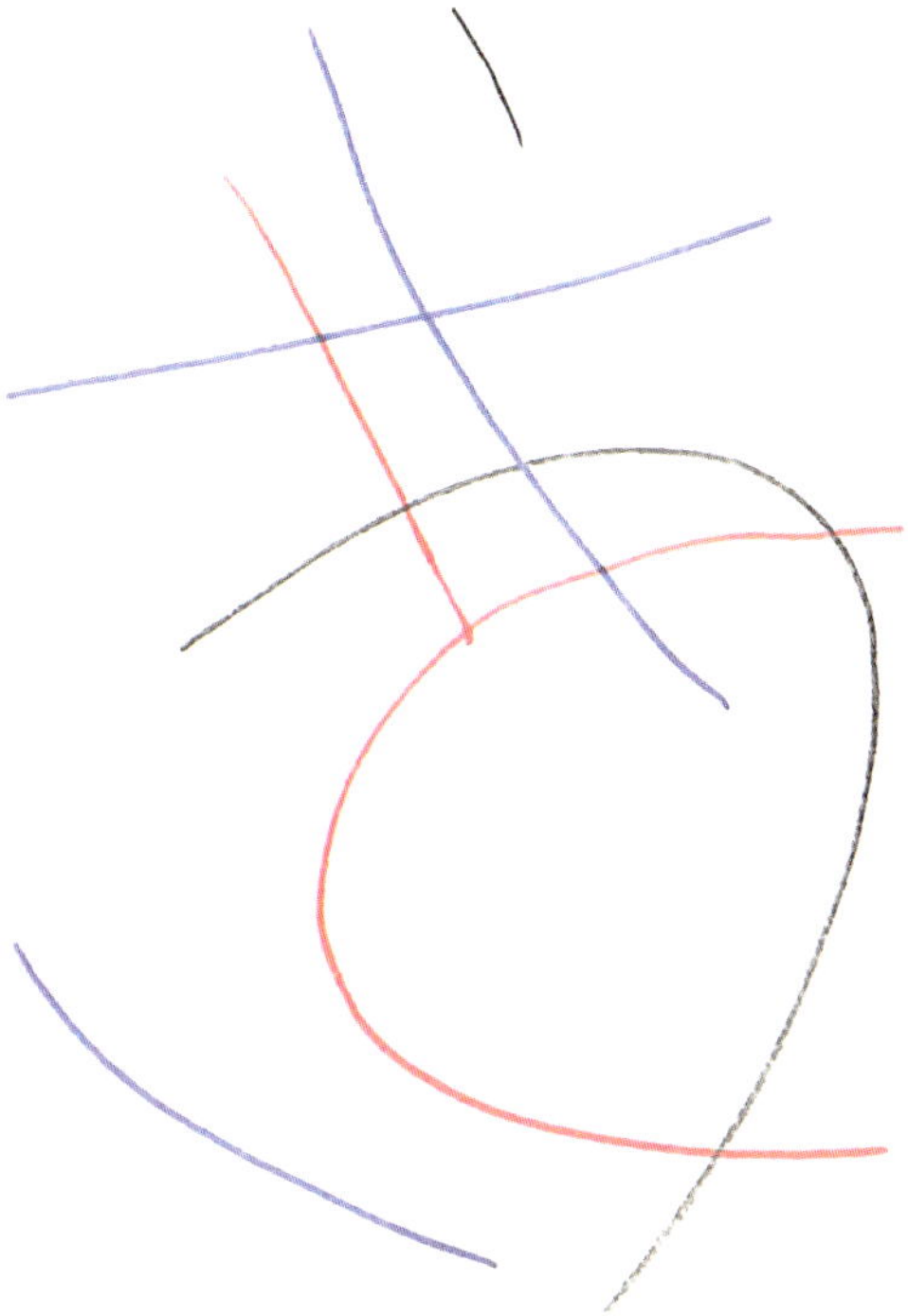

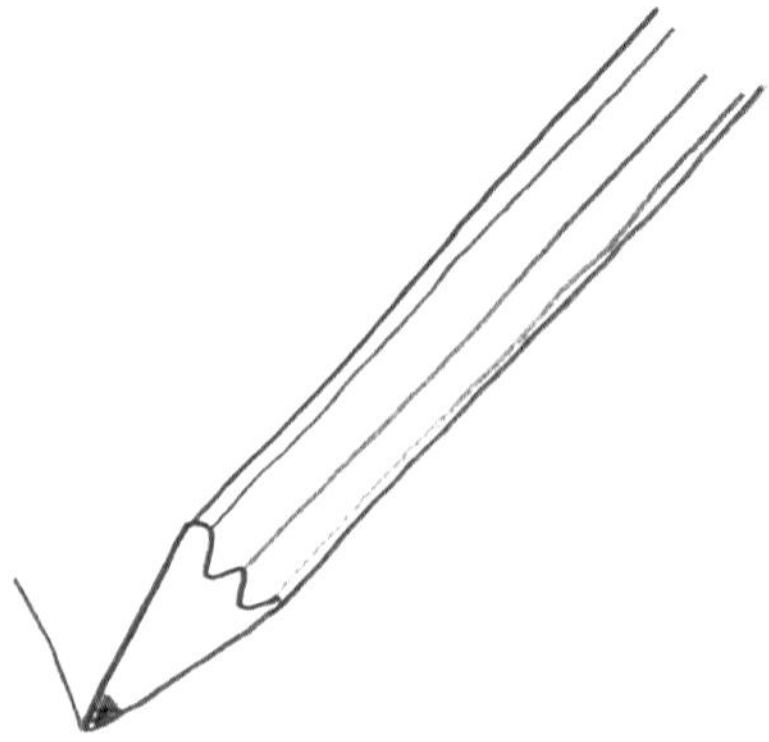

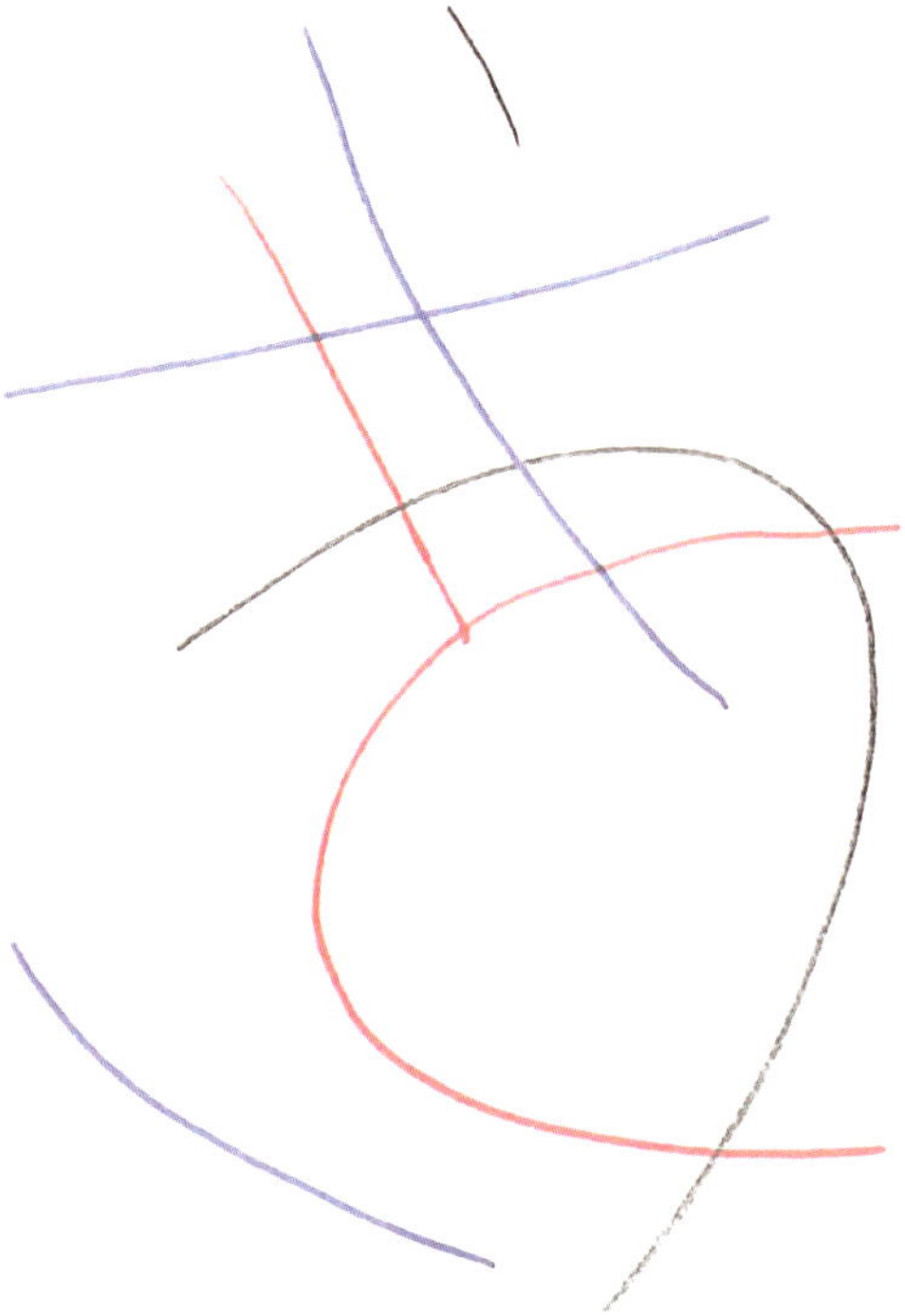

どちらを選んだのかは
分からないが、
どちらかを選んだことは
はっきりしている。

中華飯店
昼めし
どうする?
とんかつ

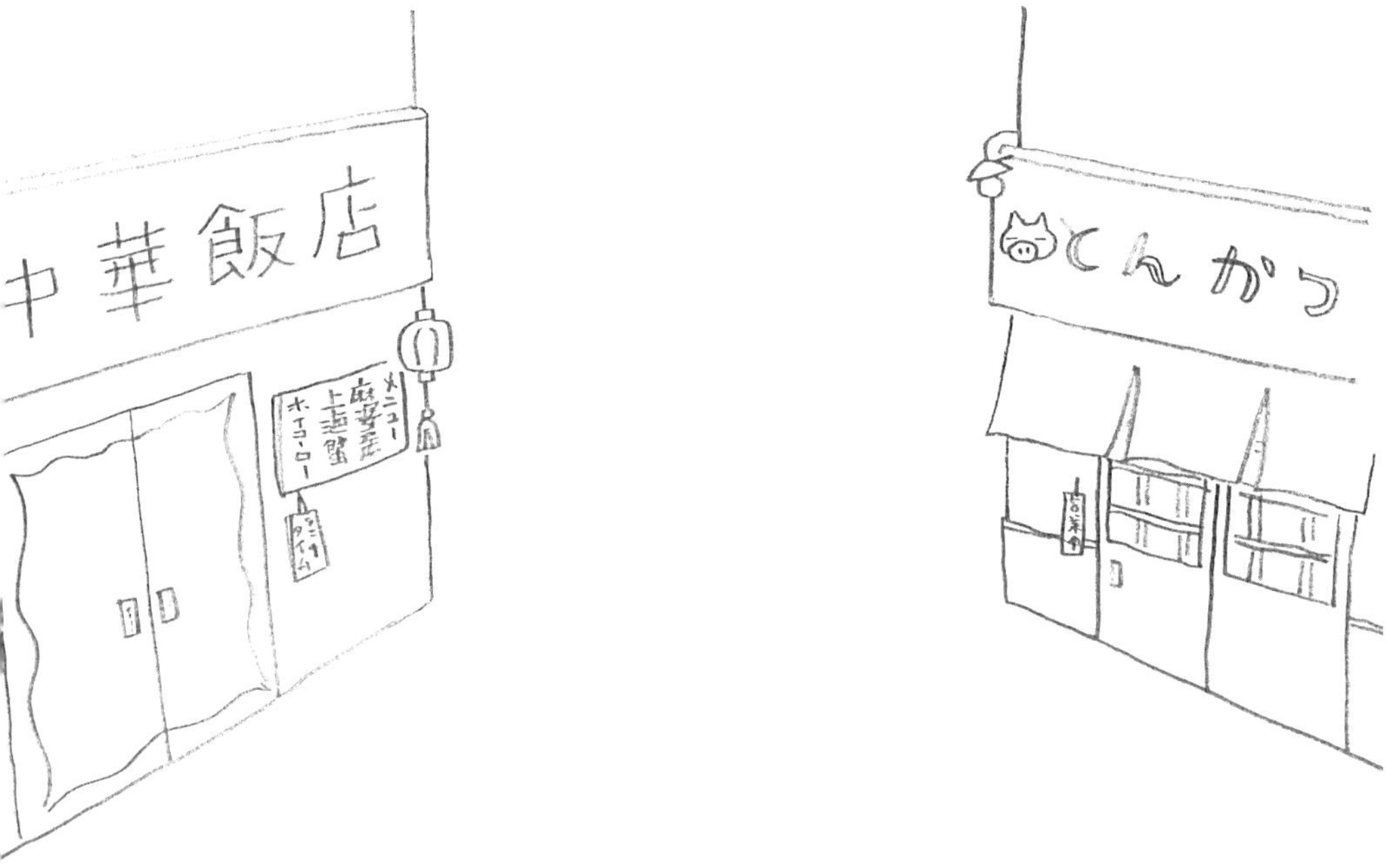
中華飯店
とんかつ

中華飯店
とんかつ
いや
うまかったなー
食いすぎました

CINEMA
STAR MOUSE 2
どっちの映画にする?
兄は つらいよ

CINEMA
STAR MOUSE 2
兄は つらいよ

CINEMA
STAR MOUSE 2
兄は つらいよ
面白かったなー
脚本がいいよなー

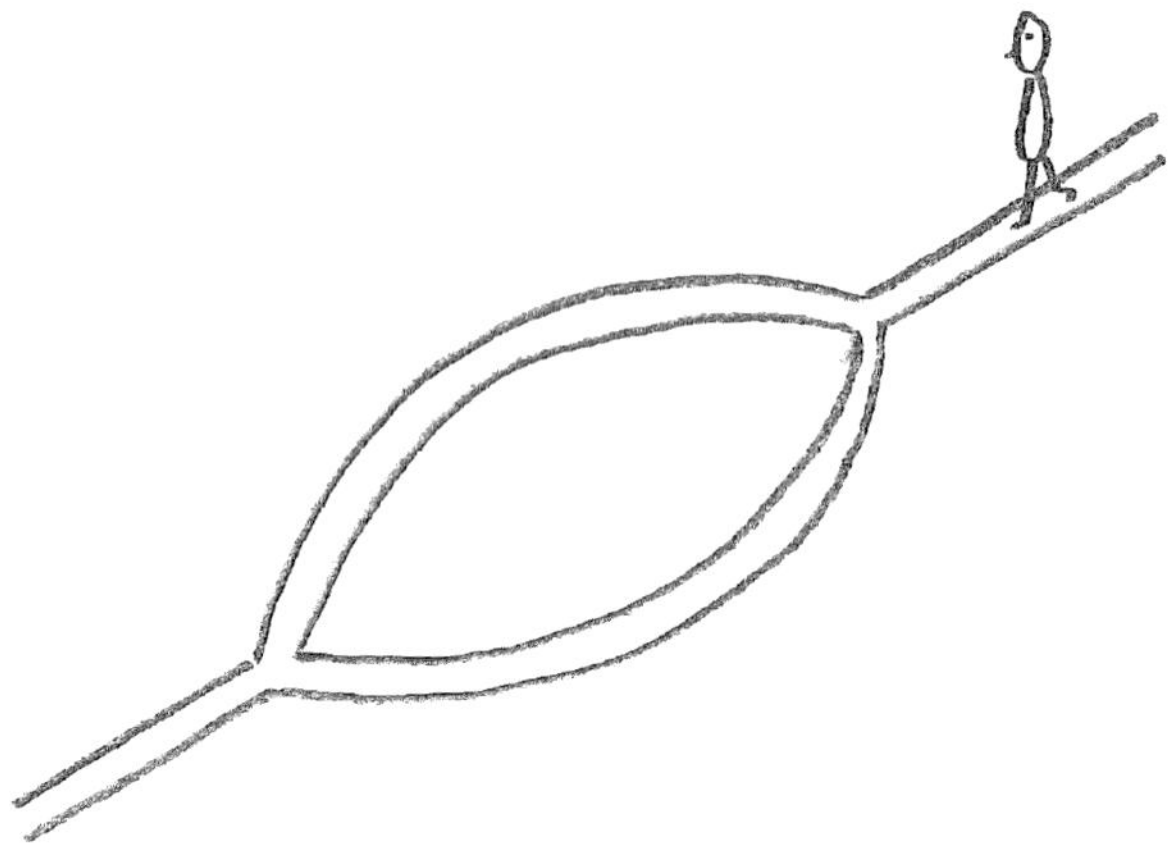

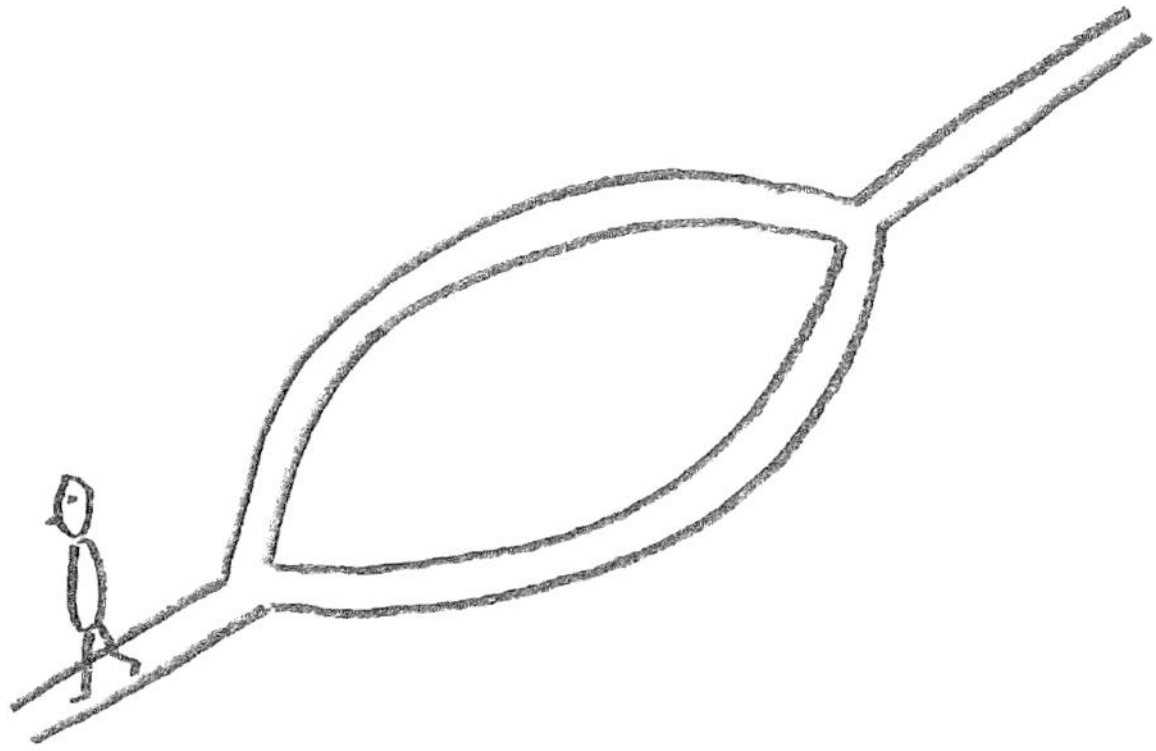

この人は、
どちらの道を通ったのかは
分からないが
どちらかの道を通ったのは
分かっている
そのような はっきりとした
中途半端な分かり方もある。

ジョン、メディアからの脱出を試みる

SONY

父グスタフ王の命令

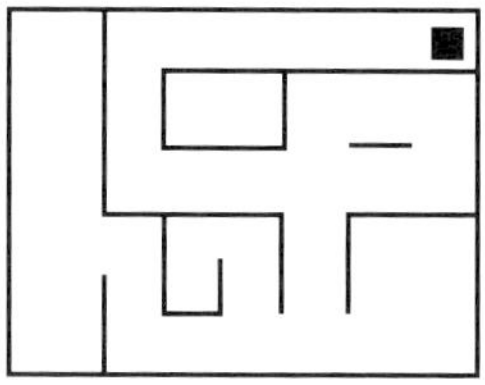

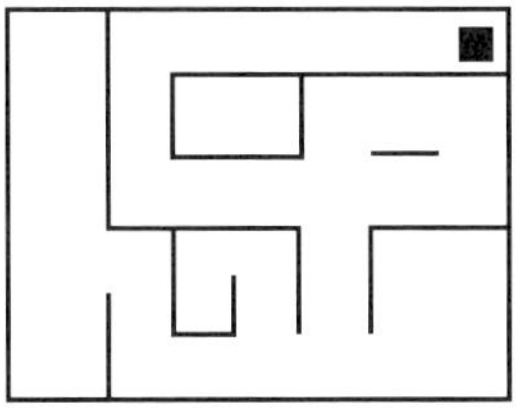

まず、左へ行け、
つきあたったら下に向かえ
つきあたったら右に行き、
さらにつきあたったら上へ行け
すぐにつきあたるはずだが
こんどは左へ行け

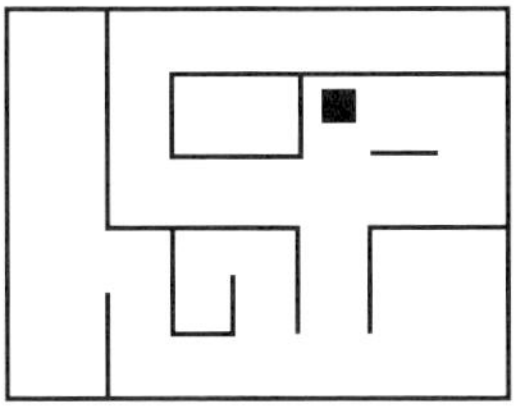

今、お前はここにいるはずである。
では、ここから下に行け。
そしてつきあたったら
左へ行け
さらに、つきあたったら上に 行け

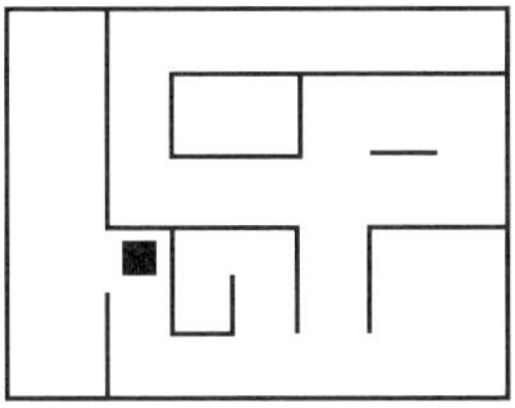

今、お前はここにいるはずである。
ちょっとまて
今、ドアを開ける。

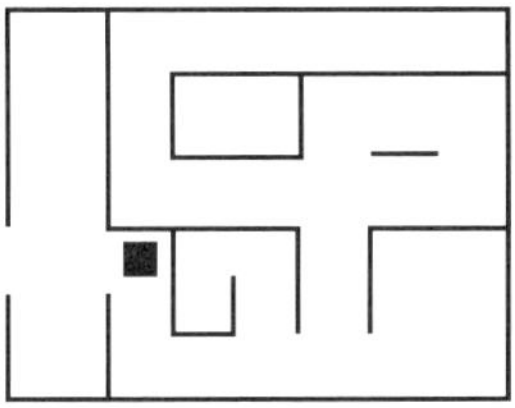

お前はもう動かなくてもいい
そのままにしていろ
私が動く。

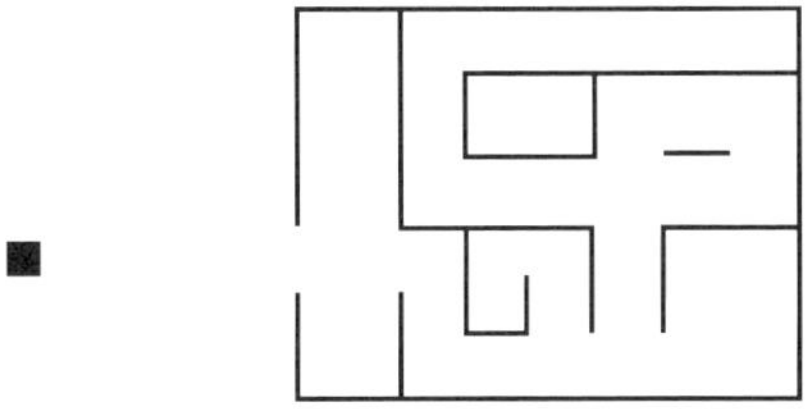

では、さらばじゃ

父

グスタフ王の息子

―試練―

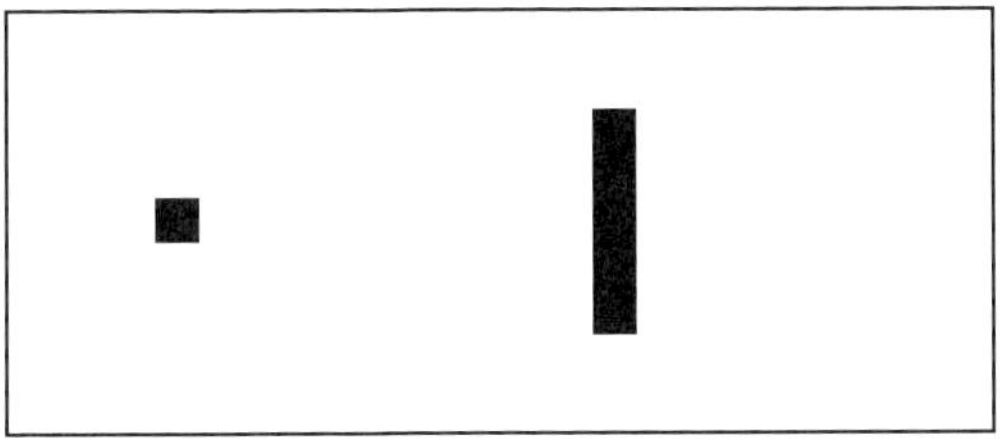

右へ行け

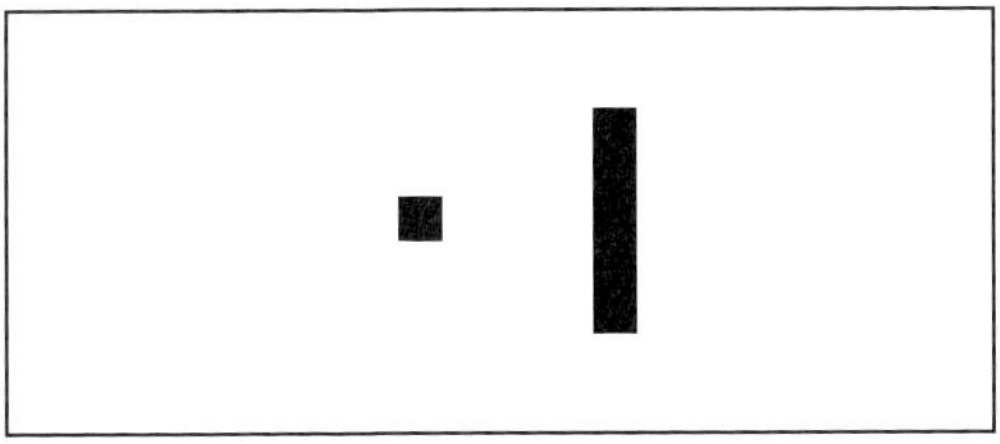

もっと右へ行け

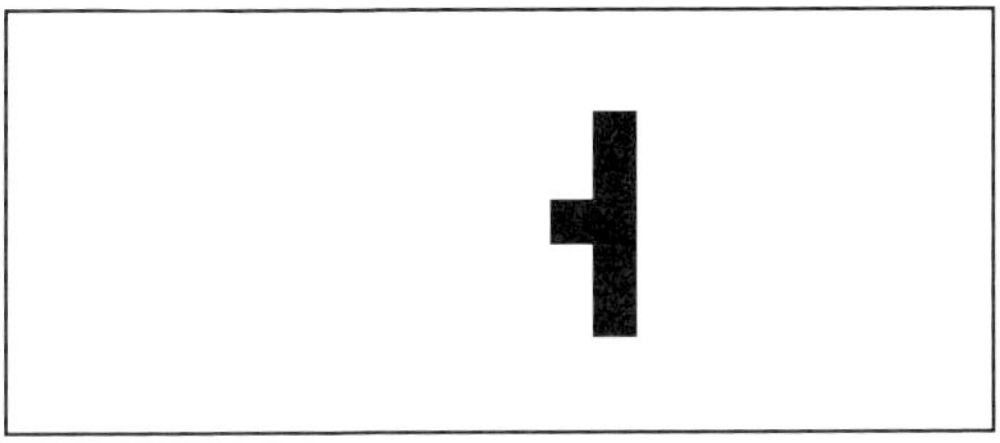

さらに右に行け

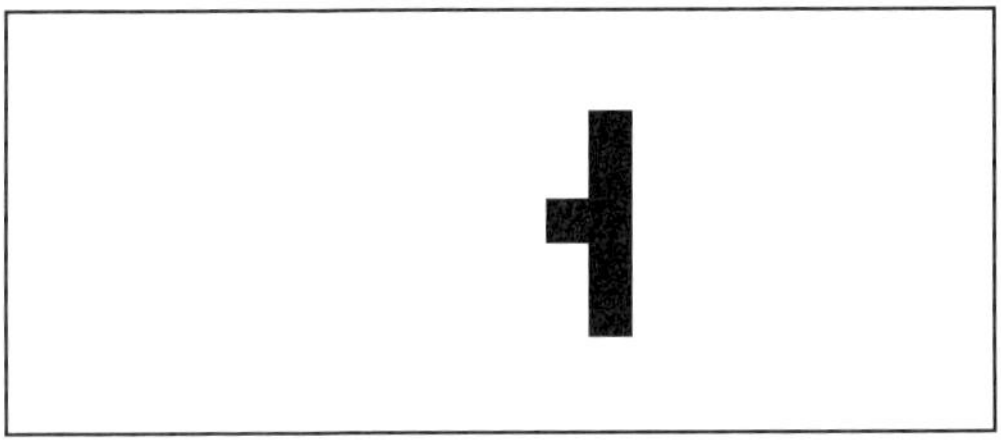

力を入れるのじゃ

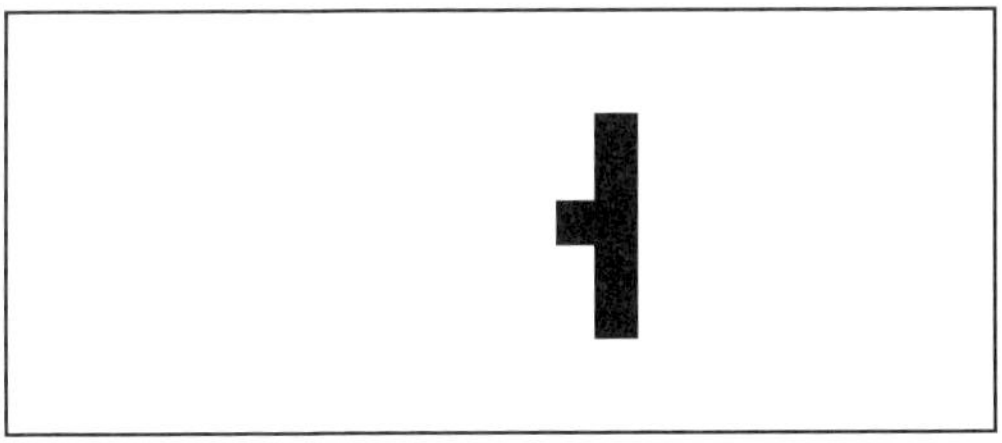

もっとじゃ！

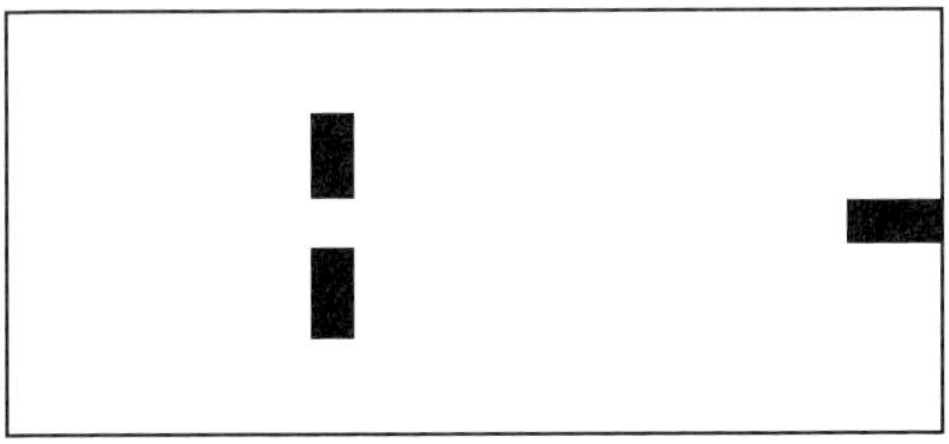

よろしい

父

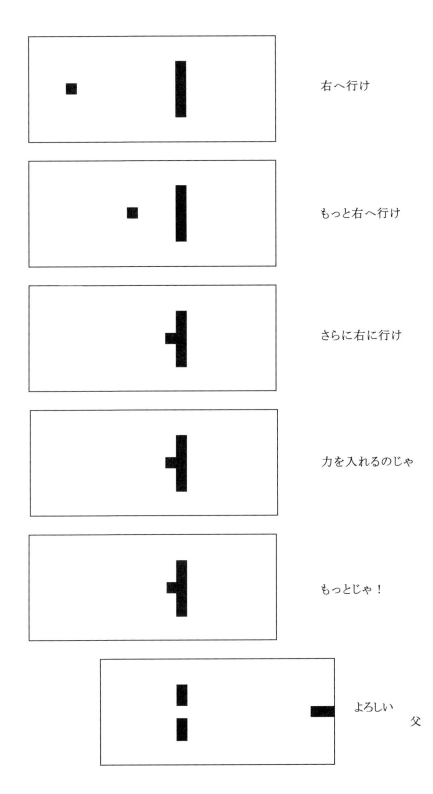

Q．ここで、突然ですが
この本を使ったクイズを出します。

いたずら好きな誰かが、あなたの大事なこの本のページを何十ページも
ビリビリと破りとったとします。
このページ（１２５ページ）から始まり、連続して破りとられたのでした。
破りとられた最後のページの数字は、
このページと同じ数字が異なる順序で並んでいました。

さて、破りとられた最後のページは何ページでしょうか。

答えがわかったらそのページに行ってください。

12月7日(火)
今日は風邪の為、声が出ないので自習にします。

12月7日(火)
今日は風邪の為、声が出ないので自習にします。

12月7日(火)
今日は風邪の為、声が出ない
ので自習にします。
室町時代

12月7日(火)
今日は風邪の為、声が出ない
ので自習にします。
おい、
山田！岡田
静かに
室町時代

ある蜘蛛を讃える詩

左ページの・iに 右手の人差し指を置いてください。
そして、3行の詩をお読みになったら、
次のページへ 進んでください。

いとつかいよ
はてしない
たましい

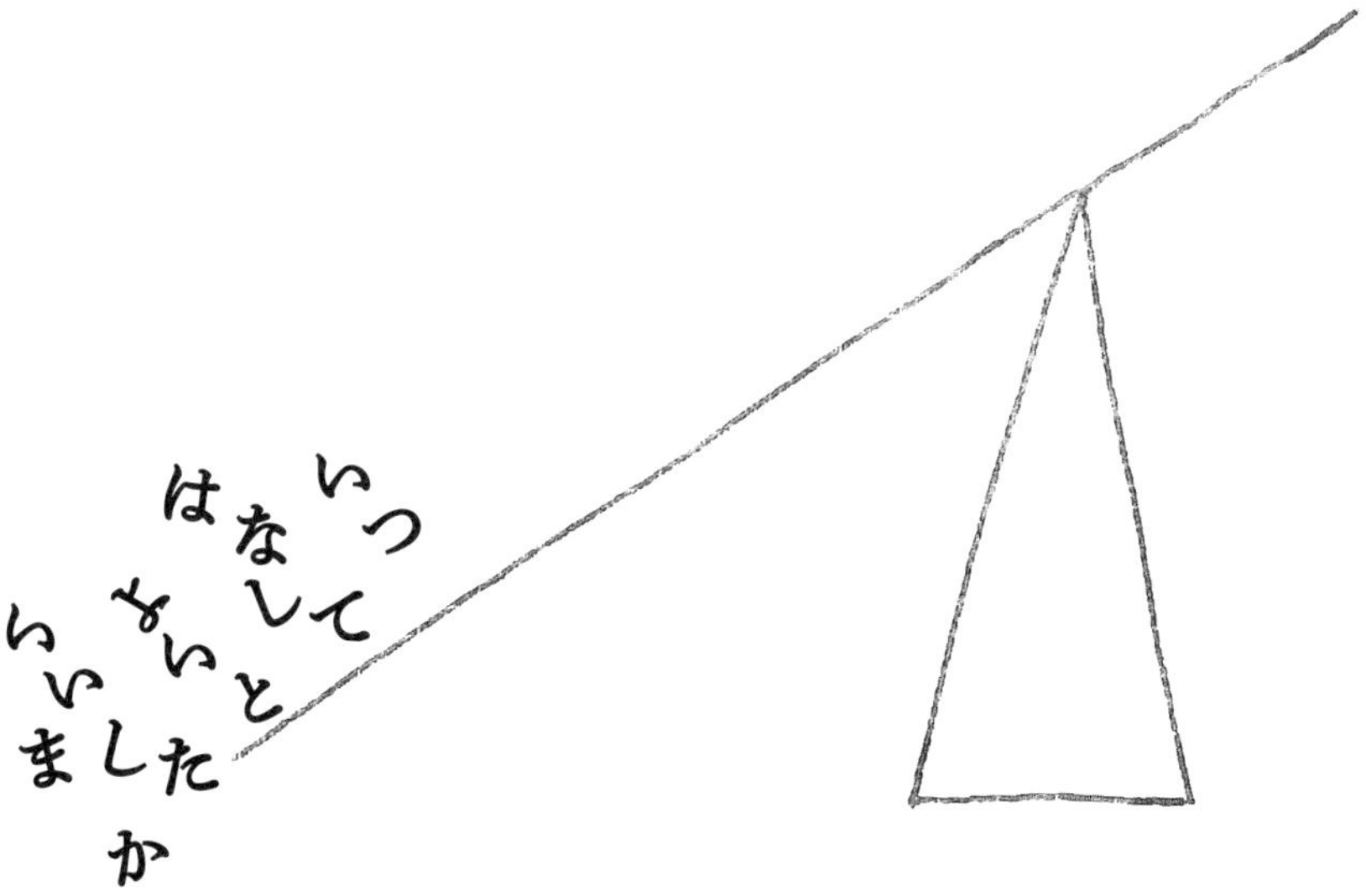
いっ
はなして
ないと
いいました
か

P. 103　文字の糸口

人間には、いろんなモダリティに於いて、抽出能力がある。都会の雑踏の中でも風鈴の音を聴き取れるし、サンドウィッチの中に潜んだマスタードも感知することができる。この作品のように重なり合った文字は、たとえ色が異なっていても読みにくいが、その文字を書いた筆記用具を示し、抽出する糸口を与えると、判読がたやすくなる。

P. 111　どちらを選んだのかは分からないが、どちらかを選んだことははっきりしている。

選択肢がA、B、２つあった時、その選択が行われた後には、「Aが選ばれたんだ」あるいは「Bが選ばれたんだ」という分かり方以外に、「AかB、どちらを選んだのかは分からないけど、少なくともどちらかが選ばれたんだ」という、新しい分かり方もある。

P. 118　ジョン、メディアからの脱出を試みる

仮現運動という認知現象があります。例えば、映画のフィルムの一コマ一コマは、静止した画ですが、それらを次々に見せられることによって、人間には動いて見えます。実際には動いていないのに、仮の動きが現れるので、仮現運動と呼ばれています。２枚だけの画でも、仮現運動は起こります。図１のようにコップが右側にあり、次にコップが左側にある画を重ねてパラッと続けて見たら、このコップは右から左に移動したように見えます。実際は、図１、２は印刷され、このままでは重ねることはできず、仮現運動は確かめられません。しかし、このまま、図１と２を、目を動かして見ただけでも（＝差分を取っただけでも）動いたという解釈は生まれますし、動いたという感触まで得られた方もいらっしゃるのではないでしょうか。

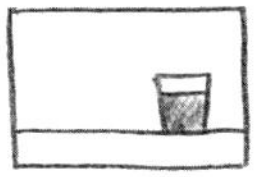

図１

図２

この「ジョン、メディアからの脱出を試みる」という作品は、メディアの中にテレビなどのメディアがあった場合、そのメディア間で仮現運動が起こるかどうかの実験が元になっています。実際は、難なく起こってしまいました。この本では重ねて仮現運動を確かめることはできませんが、左右の写真の差分を取るだけでも、ジョンが画面の中から外にニョッと出たような表象が生まれたのではないでしょうか。

P. 120　父 グスタフ王の命令

命令（コマンド）調の指示が黒い四角になされる。なぜか、あなたはこの四角になっている。途中途中、位置の確認がなされ、その確かさにこの指示の主への信頼感そして忠誠心までもが生まれていく。最後は、自分（黒い四角）を包み込んでいた迷路のような体系が自ら離れていき、その時、この声の主が父グスタフ王だったことが分かる。そして、自立の不安と覚悟を微かに感じる。201頁から始まる随筆も参照。

P. 126　黒板の会話

227頁から始まる随筆を参照。

P. 129　ある蜘蛛を讃える詩

単語や文章を構成する文字を並び替えて別の意味にする、アナグラムという言葉遊びを表現の中に取り込んでいる作品。しかし、この作品の主眼はそこになく、指を置くことで読者のあなたにとって、この表現が他人事（ひとごと）ではなく自分事（じぶんごと）になることにある。結果、「いつ はなしてよいと いいましたか」というあなたへの責任を問う文章に動揺する。

（五）

自分の中の出来事

キャプションの位置の違いは何をもたらすか。

〈説明または事実〉

１本たおれる

もう１本たおれる

元へもどる

１本たおれる

もう１本たおれる

元へもどる

〈指示または予定〉

〈プログラム〉

１本たおれる
もう１本 たおれる
元へもどる

次の文をこの逆さまの状態で読めるでしょうか。その後、本を逆さにして確認してみて下さい。

はるのおがわは
さらさらゆくよ

指をおく

文字の紐

文章というものは、つらつらと先へ先へと連なっていく。まるで一本のまっすぐな紐のように先へ先へと伸びていく。未来に向かって進んでいく時間のように、自分で自分の道を開拓しつつ自分の道を進んでいく。譬《たと》え、行換えしたとしても、みなさんはそこで切れてしまっているとは思わない。意識はまったくせずに一番下の文字と次の行の一番上の文字は繫がって読めている。あたりまえのことすぎて、ご自分がやっているそのことを私がこのように指摘したとしても何のことを言い出したのか訝《いぶか》しく思うほどかも知れない。でも、みなさんがやってくれている「繫げて読む」ことは、実は、もっと力が強く、一番下の文字と次の行の一番上の文字を繋げるだけにとどまらない。譬え、一番上でなく、行途中でそれが起こっても、みなさんの眼は、その先を捜し
て一瞬放浪する。この場合、切断されている「し」と「て」の間の数行を私たちの眼は隈無く見ることはしない。まるで、「し」と「て」を見えない紐が繋げているかのように見え、そのラインだけを自然に追っかけている。では、この紐を実際の紐のように絡んでいる状
うか、今、試
は可能だろ
態にするの
してみたがいかがだろう。

この文章を
読んでいるのは、
誰の声？

この文章を
読んでいるのは、
いつも聞こえる
自分の内側の声。

薬

小

中

人

この頁に あなたの右手を

左の写真のように

置いてみてください。

すると、左の頁の左端に

あるものが何なのか分かります。

親指

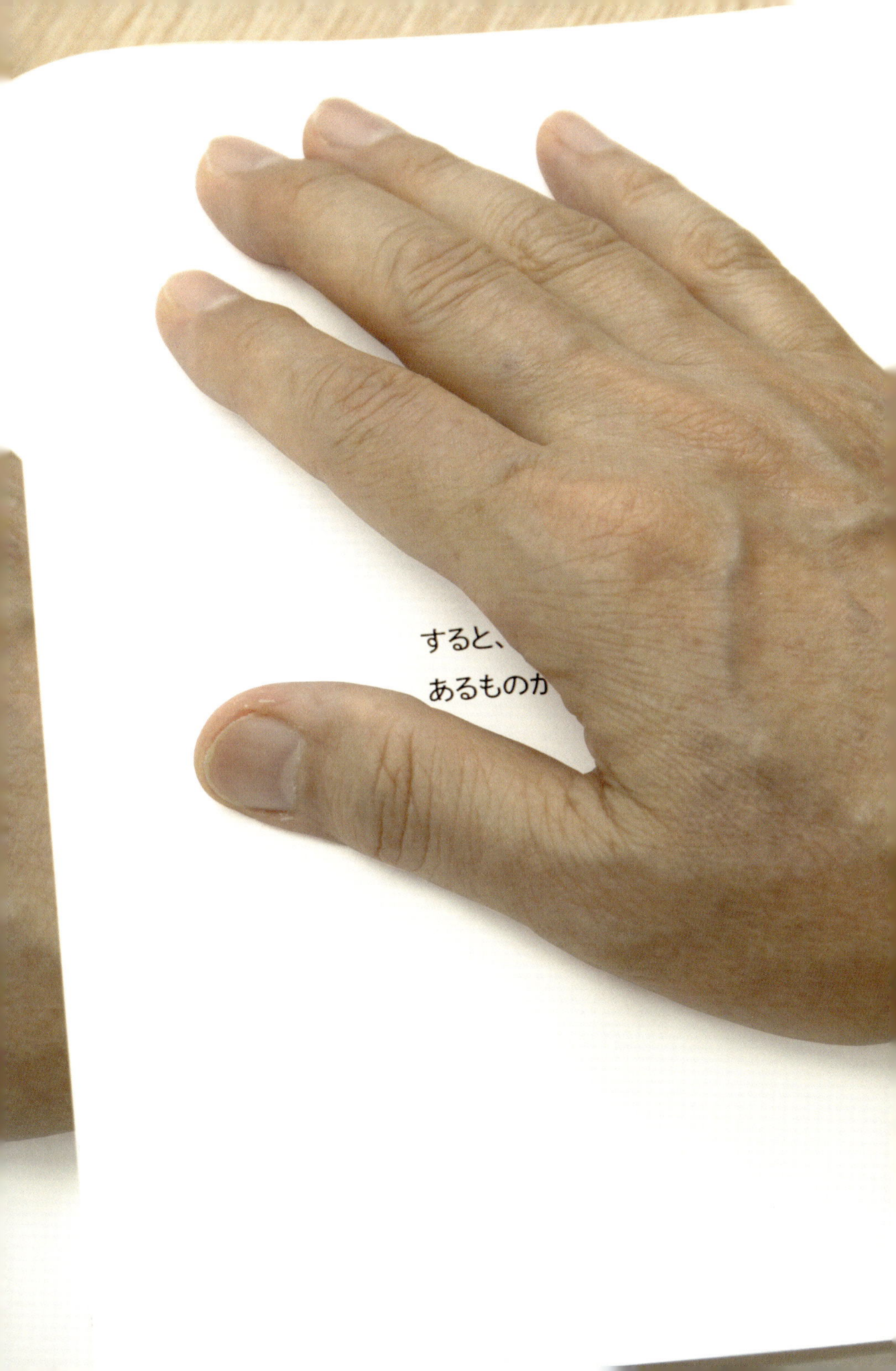
すると、
あるもの

クイズの解説

偶数と奇数の楽しい話

昨年の夏、姉夫婦と一緒にお墓参りに行った時のことである。

私の菩提寺は、伊豆半島の戸田村《へだ》（現在は沼津市と合併）という小さな漁村にある。沼津から戸田に向かう義兄の運転する車には、姉と私と、もうひとり小さな同乗者がいた。あやねという小学二年になる姉夫婦の孫娘である。あやねの両親は共働きで、夏休みの間、おじいちゃんおばあちゃんの家に昼間はいるのである。

「あやねも戸田にお墓参りに行く？」と姉が聞くと、

「行く、行く」と二つ返事である。

その返事の早さには理由があった。戸田には、きれいな砂浜があり、泳ぐことが大好きなあやねは、夏の戸田と言えば、ぱんとそれが浮かぶのである。しかも、大好物の海老フライのおいしい料理屋のことも脳裏に浮かんだに違いない。一番の目的は違っても、お墓参りに来た小さな子孫をご先祖様も喜んでくれるであろう。

道中、私はいろいろあやねに話しかけた。実は、あやねは車に少し弱く、酔うこともしばし

正解です

さらに、このページでは、先ほどのクイズの解説が始まっています。元のページに戻る前にぜひお読みください。

ばであった。気を紛らわすために、クイズを出したり、夏休みの宿題のことを聞いたりしたのだった。クイズのねたもなくなり、宿題も聞くことがなくなり、どうしようかなと思った私は、学校のことを聞くことにした。

「ねぇ、あやね。あやねのクラスって何人くらいいるの？」

「18人」

「えっ、そんな少ないの」

「一年の時は、クラスは一クラスしかなくて36人だったけど、二年になって、それが二クラスになった」

私は、当然、少子化の傾向は知ってはいるが、その18という予想をかなり下回る数に、現実を見せられた気持ちになった。さらに、あやねに質問した。

「それで、女の子の方が多いの？」

「うーん……」

あやねは、なにやら計算を空でしている様子であった。まもなく、こう答えた。

「男の子の方が一人多い！」

んっ、そんな事があるだろうか……。クラス全員で18人ということは……。

その瞬間、車の後部からこんな声がした。

「あやね、それはちょっとおかしいなぁ」

それまで、ずっと静かだった姉の声だった。寝ていた訳ではなかったのだ。移り行く伊豆の海岸線を見ながら、私と孫娘の会話を聞いていたらしい。

私は、姉の「あやね、それはちょっとおかしいなぁ」という言い方に思わず笑みがこぼれてしまった。同時に、姉の計算の速さに内心驚いてしまった。姉は数学がそんなに得意ではなかったはずである。

私は私で、こう考えていた。

クラスの人数である18という数字は偶数である。偶数は、二つの数の足し算にするとしたら、偶数＋偶数、あるいは奇数＋奇数しかない。みなさんも、18を二つに分けてみると、よく分かる。例えば、片方が11なら、もう一つは7になる。片方が12なら、もう一つは6になる。片方が偶数なら、もう片方も偶数になるのである。もし片方が奇数なら奇数になる。ここまでは、いいと思うが、問題は次である。あやねのクラスは18（偶数）人だから、男の子、女の子で二つに分けると、今、説明したように、偶数同士か奇数同士しかない。そして、その男女の数の差をとると、どうなるであろうか。

実は、偶数−偶数の答えも、奇数−奇数の答えも、なんと偶数になるのである。例を作ってやってみるとよくわかる。12−6は6だし、11−7は4となる。差は必ず偶数になるのである。

つまり、あやねの答えの「男の子が一人多い！」というのは、間違っていたとわかるのである。ここで面白いのは、全体の数の18がわかるだけで、そこまでわかるということである。

あやねは、男の子の人数も女の子の人数も教えていない、でもあやねの答えが間違いなのは、はっきりとわかるのである。

私は、姉の頭の早さに正直、舌を巻いてしまった。

「お姉さん、この偶数と奇数の性質がよくわかったね」と今の説明をすると、ちんぷんかんぷんだったらしく、

「そんなことわからないけど、18を二つにいろいろ分けても、差が1にならないから、おかしいと思ったのよ」

と軽く言い放たれてしまった。

偶数奇数の性質を見抜いた訳ではなく、実際の数字で考えたあげくの結論だったのだ。でも、それはそれで頼もしく感じてしまった。

そんなことを姉と話している内に、あやねは眠りについて姉に膝枕していたのであった。

ここで出てきたような偶数奇数の独特な性質を「偶奇性《ぐうきせい》」と呼ぶ。

数学の中の整数論でも、面白い考え方を放っている。

この本の125ページに出てくるクイズも、この偶奇性に関連したものである。

では、説明しよう。

一般的に、どの本の、どのページの片隅にもあるノンブル（ページ数のこと）には、次のことが必ず言える。


『もしその数字が奇数なら、裏にある数字は偶数である』

同じように、

『もしその数字が偶数なら、裏にある数字は奇数である』


仮に、先のクイズの問題のように、ページが連続して破り取られたとすると、最後のページは偶数である。なぜなら、問題のあるページの数字は125という奇数なので、裏は偶数になる。だから、破り取られた最後のページは裏なので、偶数である。また問題にあるように、最後のページの数字は、この「125」と同じ数字が異なる順序で並んでいるということを考えると、この数字の中で偶数は「2」しかない。つまり、可能性があるのは、「152ページ」

か「512ページ」の二つであるが、この本は500ページもある厚い本ではない。従って、答えは、この随筆文が始まった152ページになるという訳である。

偶数と奇数と言えば、小さい頃、2で割り切れる数が偶数、割り切れない数が奇数と、義務的に習っただけかもしれないが、意外や意外、こんな面白いものだったのだ。

（クイズのページから飛んできた方は125ページへ戻る。）

【五】「自分の中の出来事」解説

P. 136　眼鏡

こんなにはっきり見えているのは、自分が眼鏡をかけたからに違いない。そういうふうに、自分の出来事として解釈してしまうのが一番しっくりくる。

P. 138　キャプションの位置の違いは何をもたらすか

事柄が起こったと同時にキャプションをつけるのは中継（事実）や解説（説明）の時。次に起こる事柄をキャプションでつけるのは、先読み（予定や予言）や意思（指示や命令）の時。初めに、これからの事柄を全て記述するのは、プログラム、pro（前もって）+ gram（書く）。

P. 142　はるのおがわは

人間は、ひとつのタスク（課題）をクリアすると、達成感のあまり油断してしまい、その先にある問題に意識が行きにくくなる。この作品では、上下逆さまの文章を読むというタスクが与えられるが、それに対して「分かる分かる」という気持ちが働くと、実はその先に、左右逆さまの文字が紛れていても、そのことには意識が及ばない。さらに、この作品には、上下逆さま、左右逆さま以外にも、ひらがなが改ざんされている箇所もいくつかあるのだが、さまざまな読みにくさを理解しないまま、「分かる分かる」が優先される。

P. 144　指の求心力

自分の指には矢印を集める力があるという気持ちになる。あるいは、矢印たちが指に集まる習性があるように思える。その為の図版。

P. 146　文字の紐

子供の頃から読み書きを教わり、行の最後に来たら次の行の頭に行くということが当たり前のこととなっているが、私達の読み書き能力は、そんな規則から外れた文章にも対応できる。順序が壊れた文字列であっても、意味を拠り所として、軽々と順序を修正する。これは、かなり壊れていても可能である。そして、規則という箍（たが）が外れた瞬間、僅かな戸惑いの後に生まれる目の自由な泳ぎを楽しみさえしている。

P. 148　この文章を読んでいるのは、誰の声？

自分の内側の声について、誰もが意識をしたことがないと思われるが、この作品を読むと、初めてと言っていいくらいに、自分の内側の声が聞こえてくる。

P. 150　右手を置くと

右手を置くと、左頁の左端にあるものが、手首の一部だったということがよく分かる。あなたが置いた自分の右手の隣に写真の右手があるという関係性を、さらに一段奥にも見出すからである。

（六）

はてなき着想

――理想の副産物として

1.

2.

3.

4.

どうして私が?

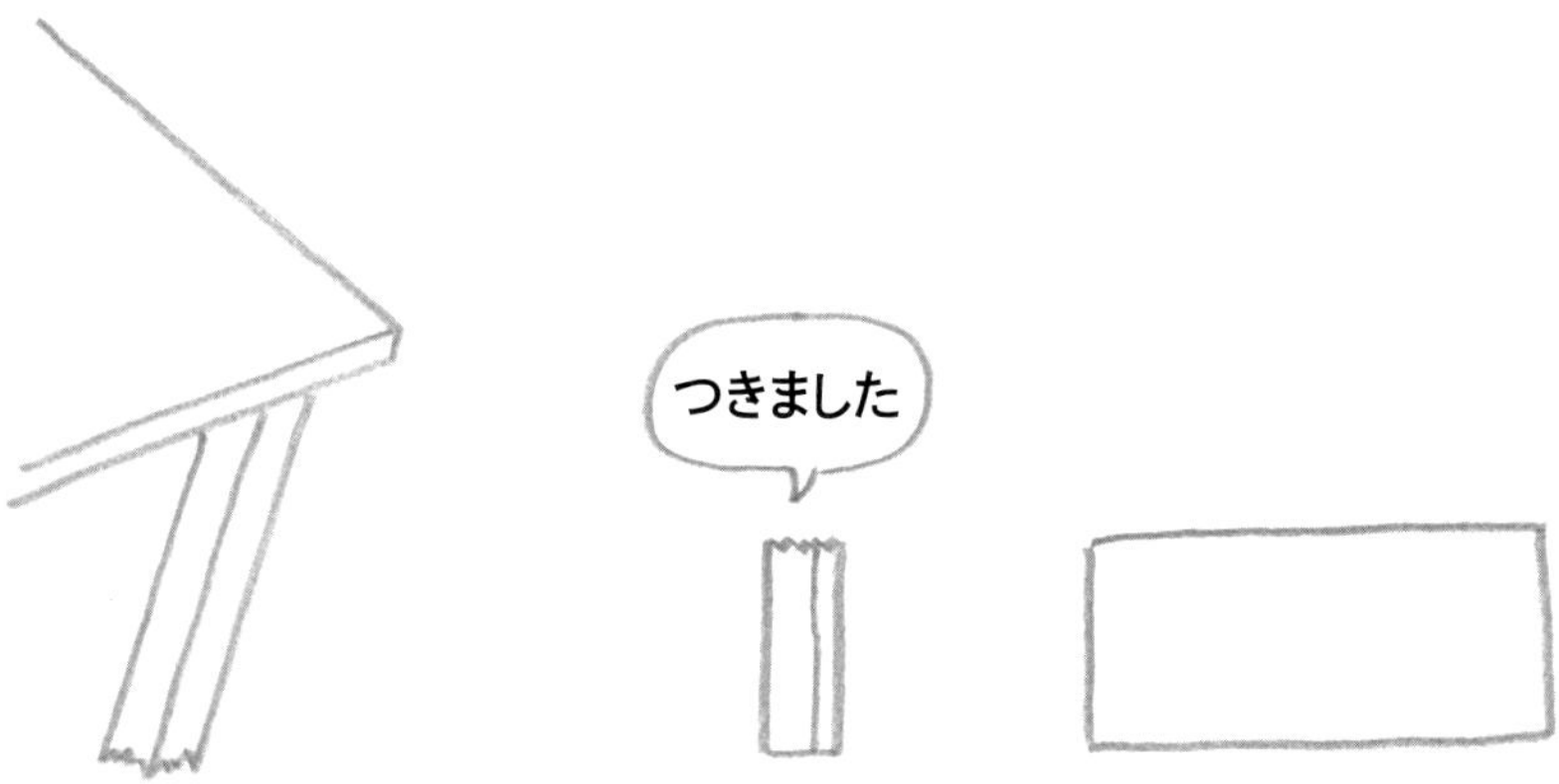
つきました

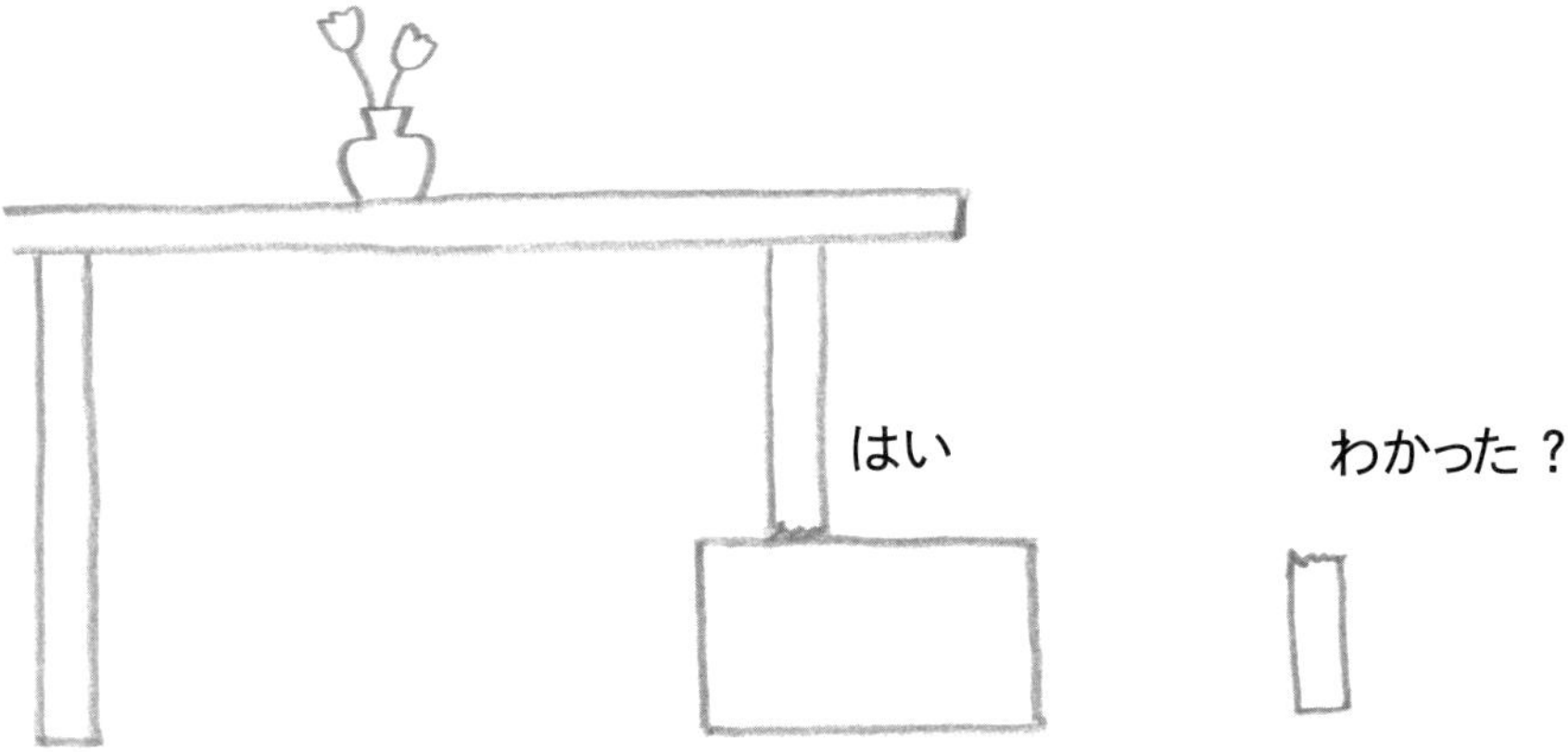
はい
わかった？

The Rich Are Different
Edited by Jon Winokur
The Art of Mechanical Drawing
Postmark Paris
Naval and Marine
Badges and Insignia
Seit 1916

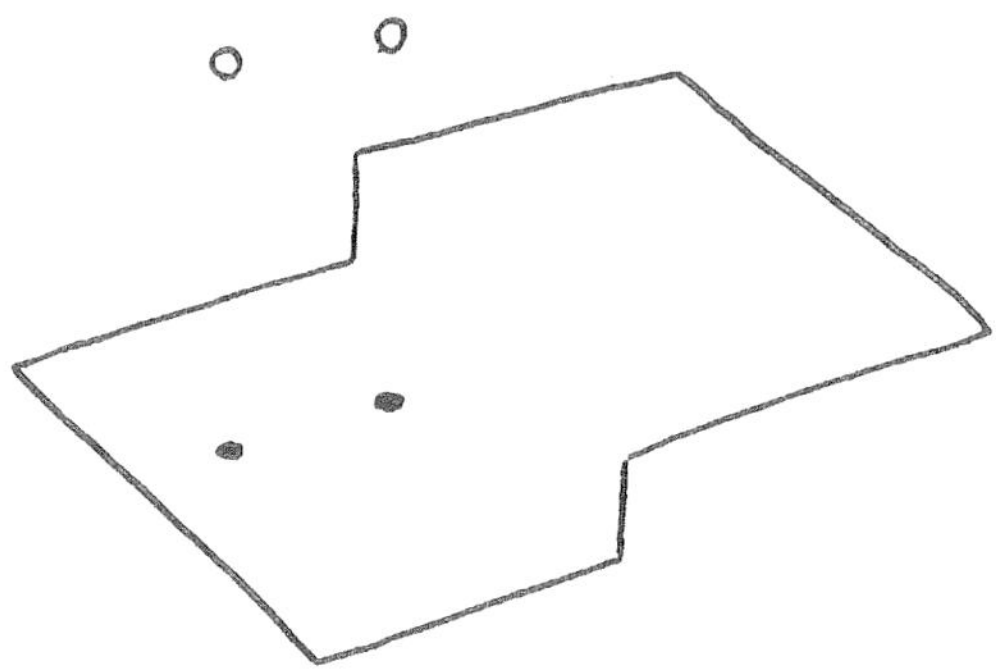

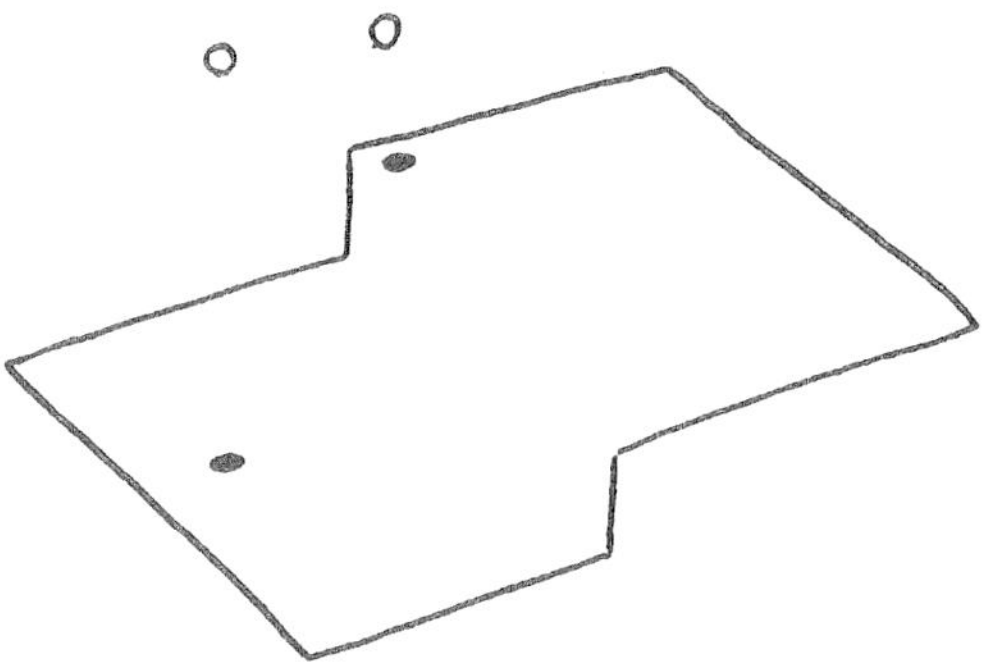

カエルの学校

Swimming School

Walking School

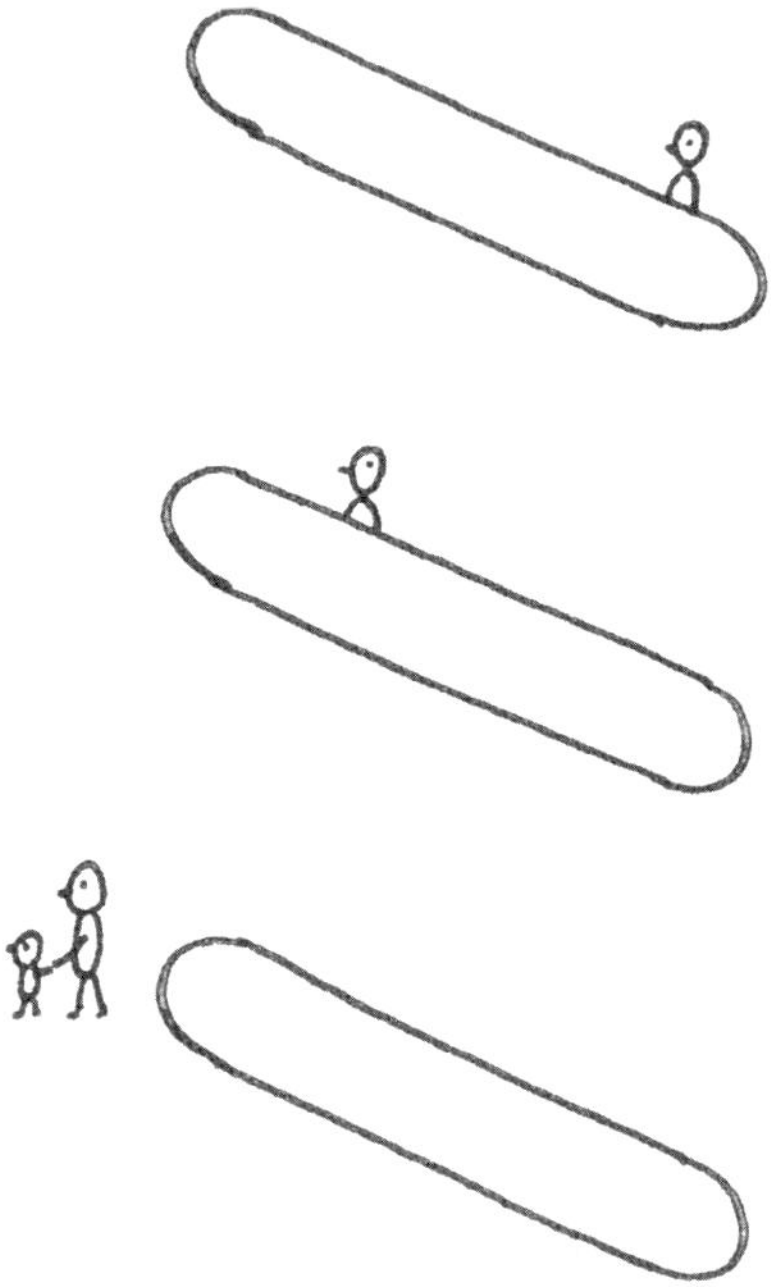

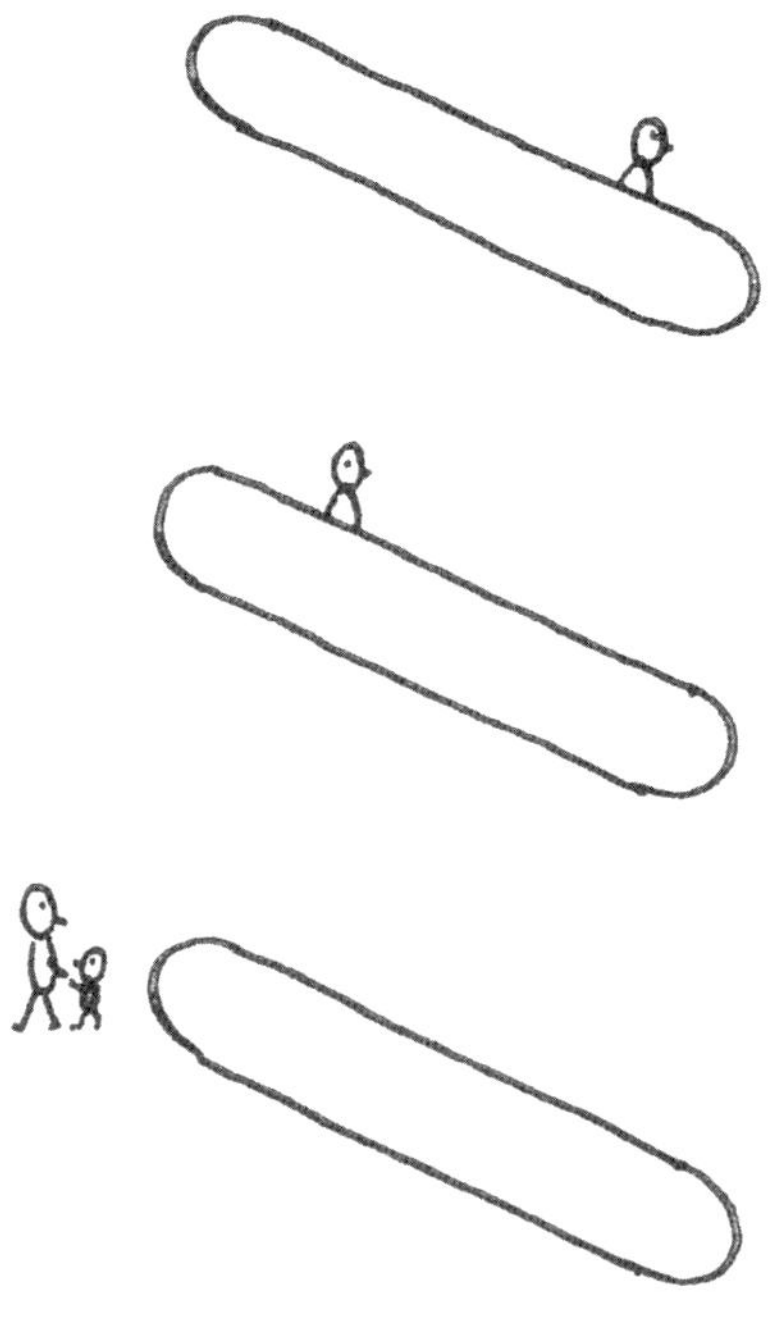

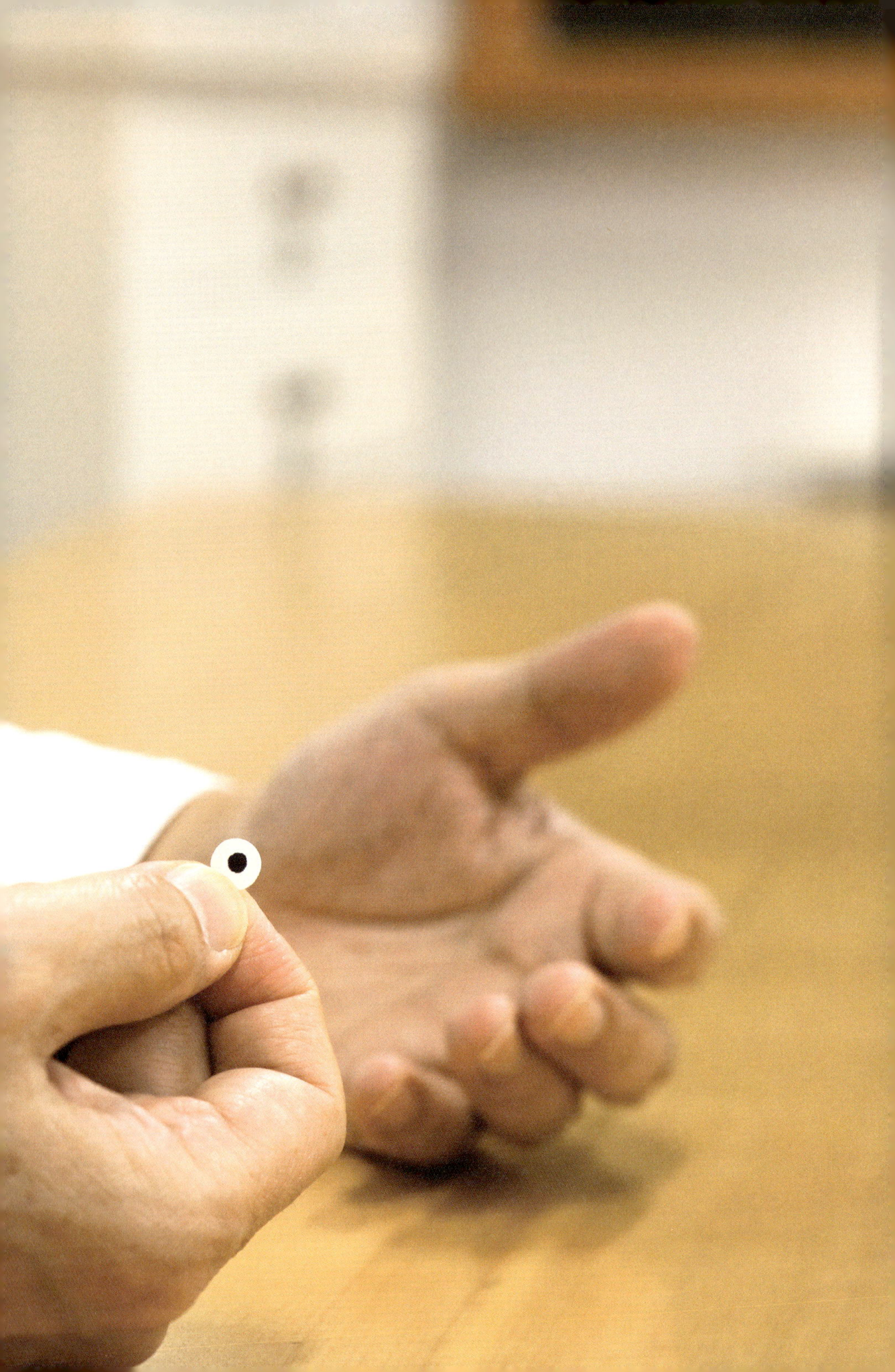

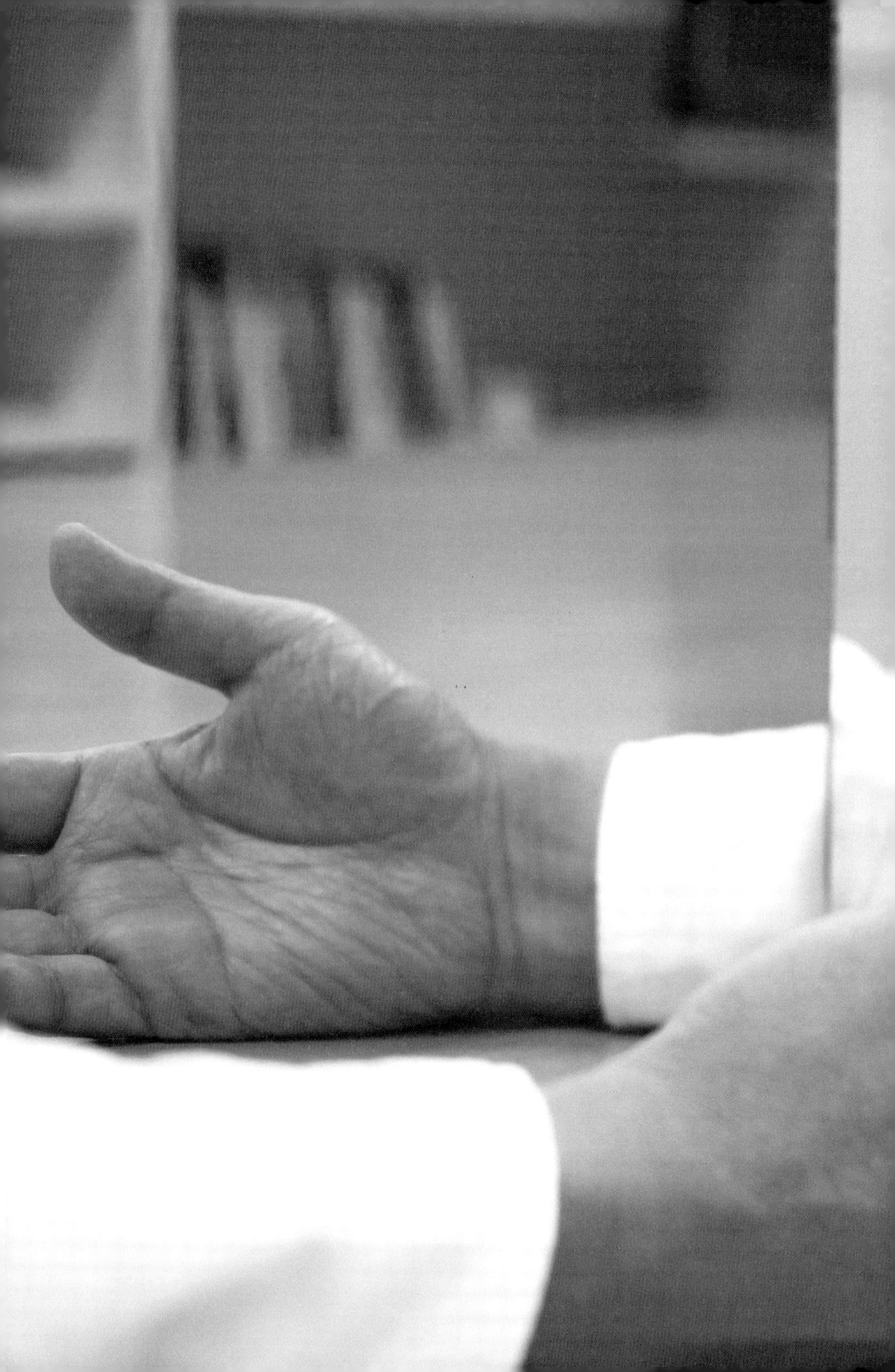

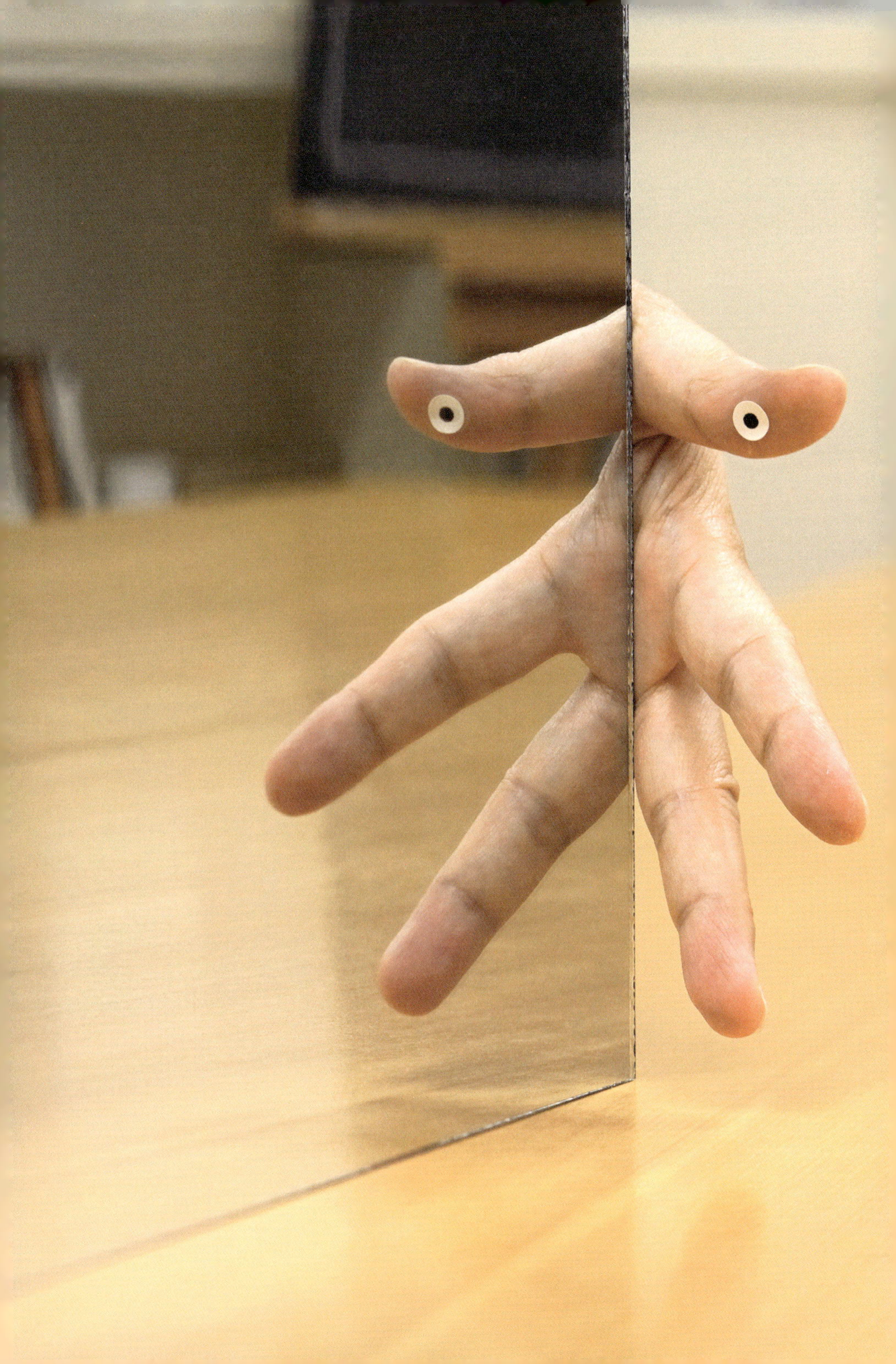

26 × 8024 =

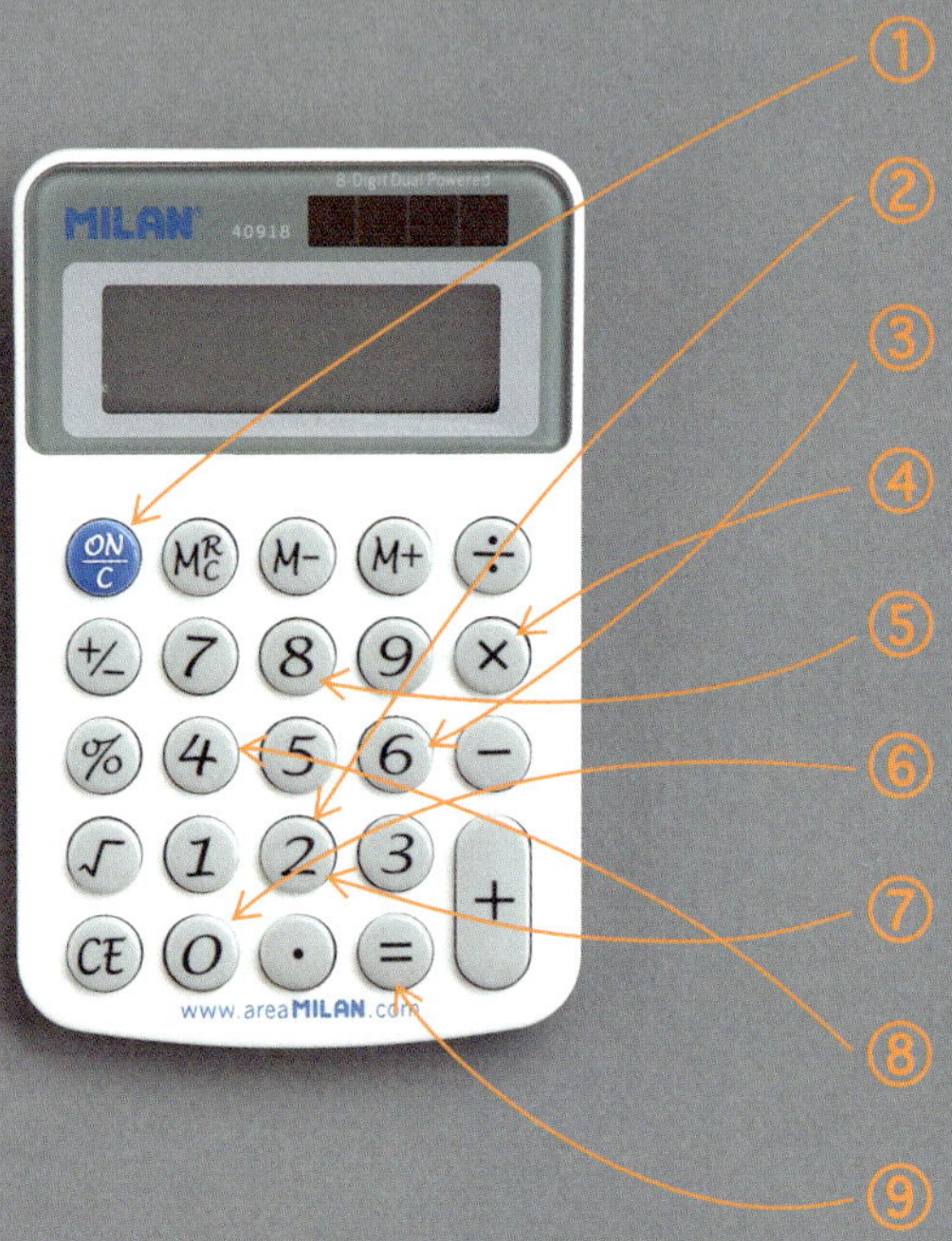
MILAN
40918
8-Digit Dual Powered
ON/C
MRC
M−
M+
÷
+/−
7
8
9
×
%
4
5
6
−
√
1
2
3
+
CE
0
·
=
www.areaMILAN.com
①
②
③
④
⑤
⑥
⑦
⑧
⑨

208624

こ

2

3

8

誰

に

だ

6

の

9

10 あなただ

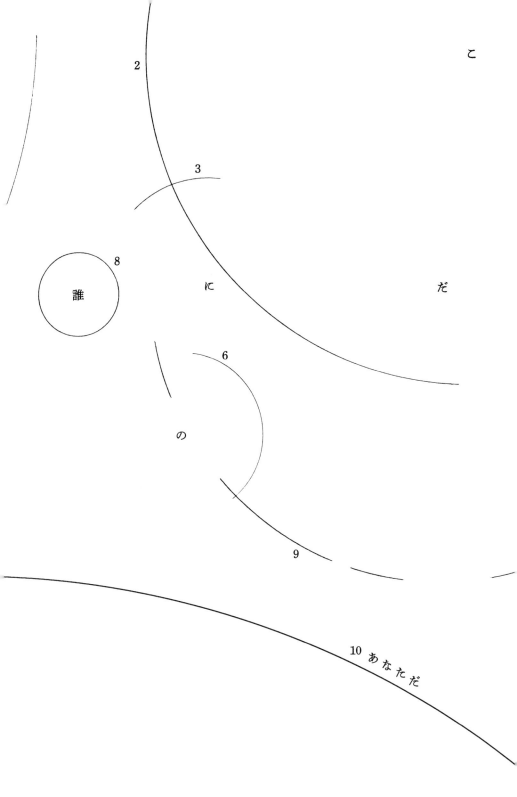

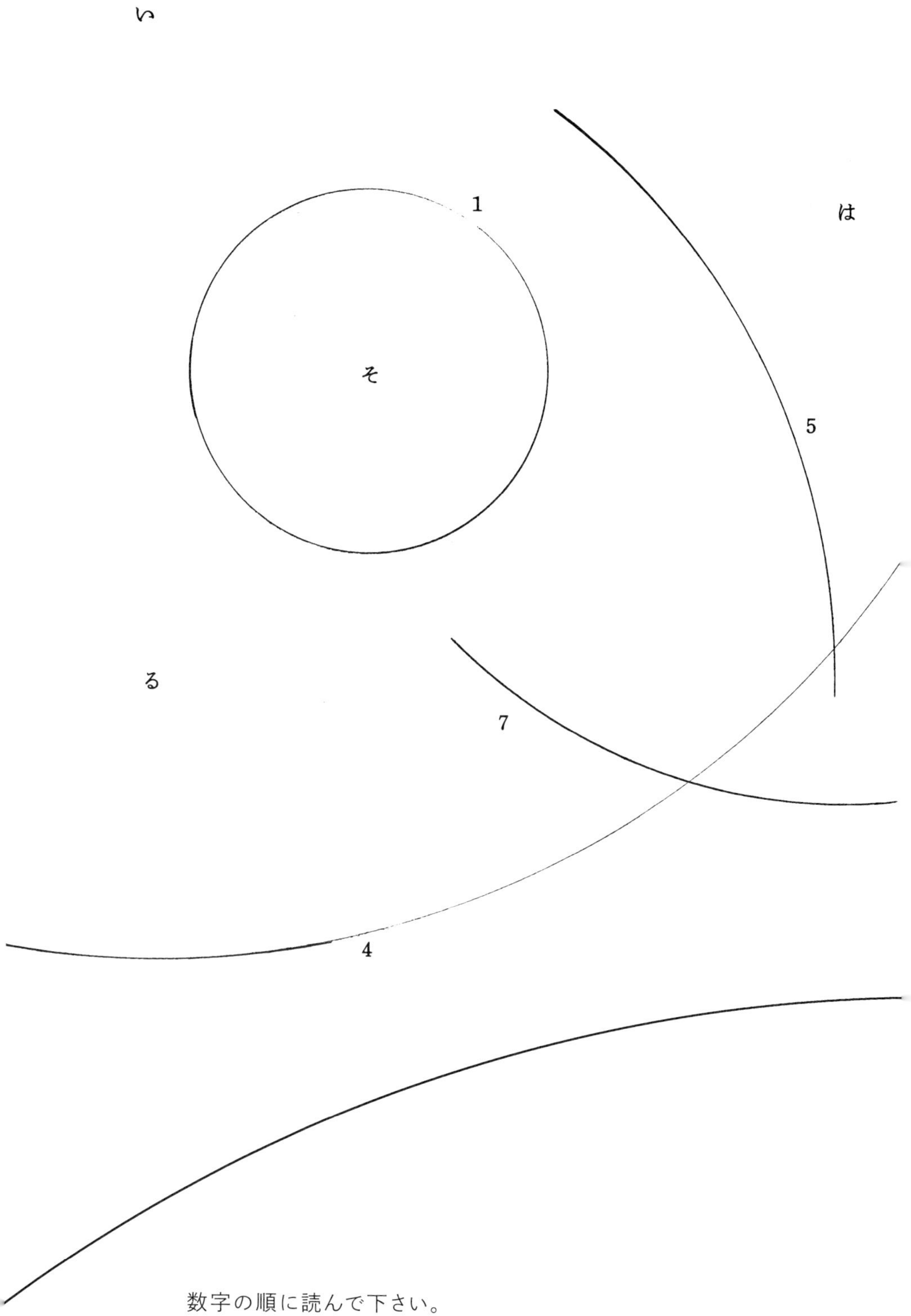

数字の順に読んで下さい。

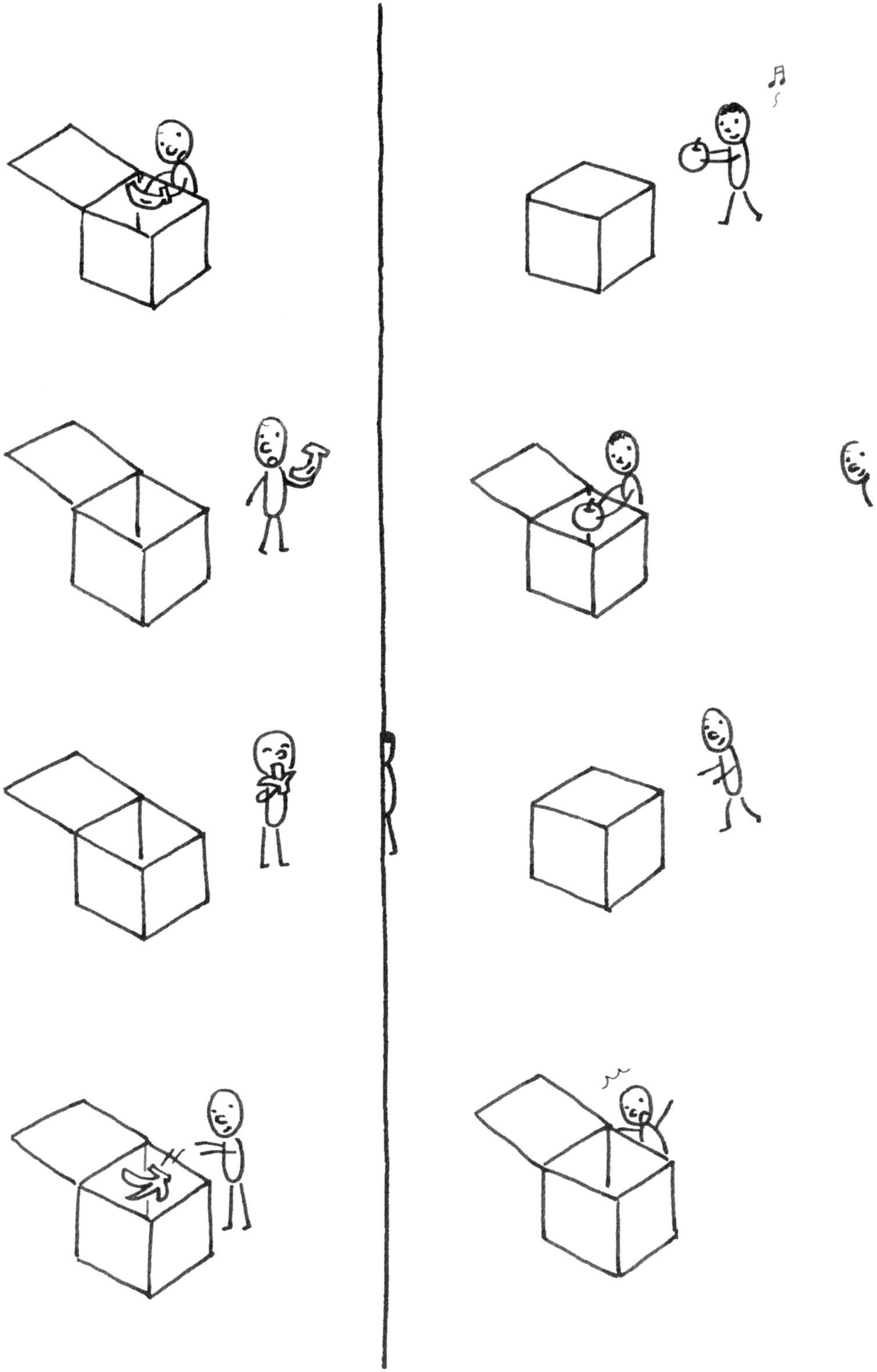

へんな箱

一本の紐があった

ある時、その一部に凹《へこ》みが生じた

次の瞬間、それに帳尻を合わすように凸《でこ》みが生まれた

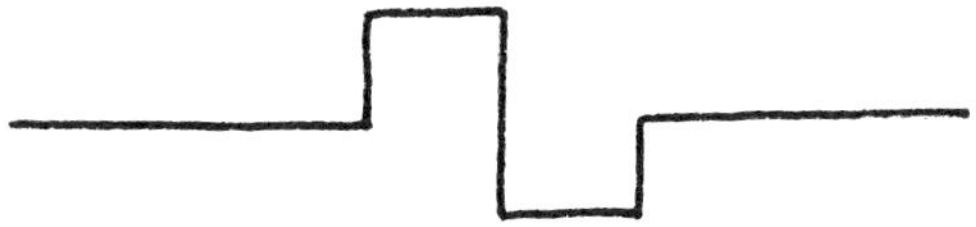

しばらく経つと、その凸《でこ》みの一部に、また小さな凸《でこ》みが生じ、
それと同時に、やはり帳尻を合わすが如く、近傍に同じ小ささの凹《へこ》みが生まれた

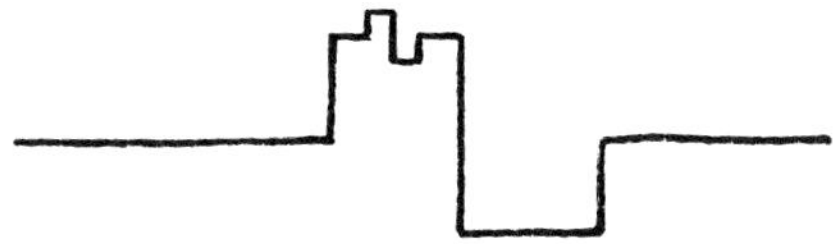

そんなことが、かなり短い間に、この紐の至る所で起こった

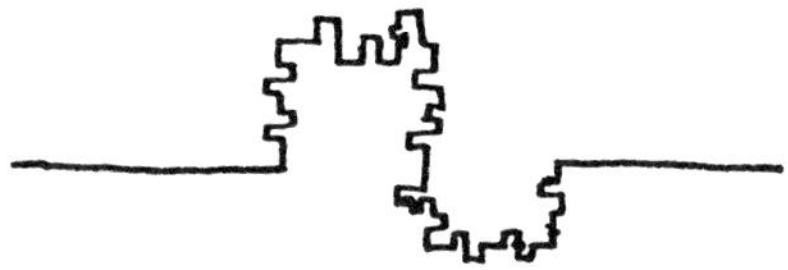

そして、ある永い時期を経て、その現象はさらに
極小の凹《へこ》みと凸《でこ》みの領域でも進行していった

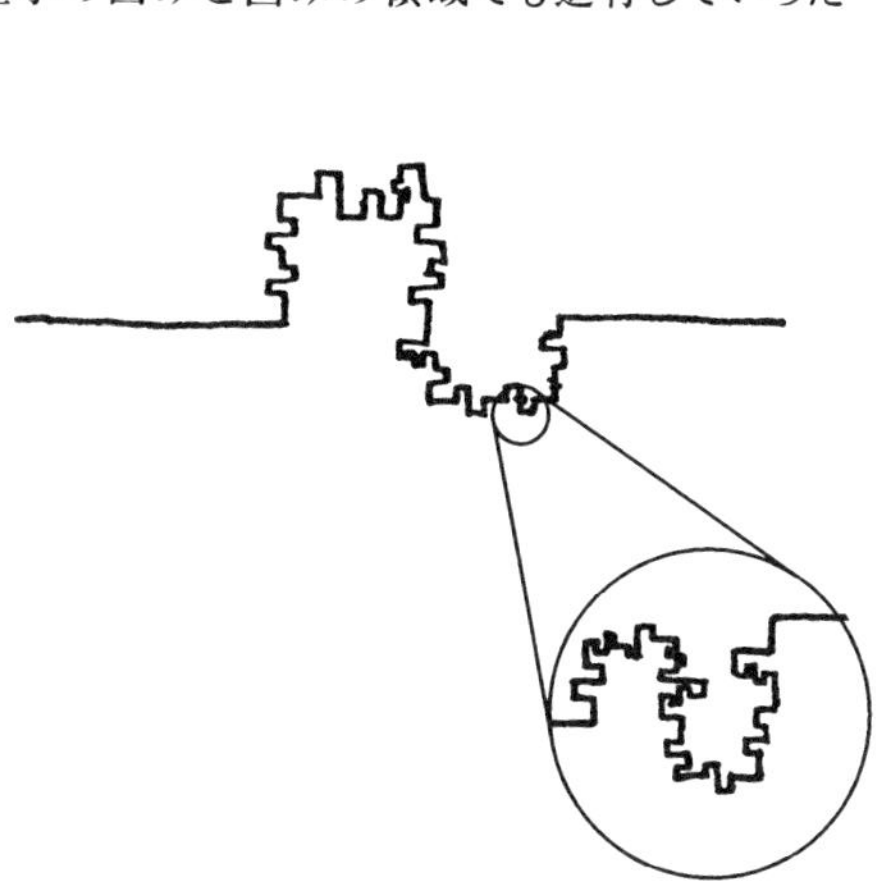

そんなことが延々と繰り返されるのかと思いきや

ふいに何者かの手があらわれ、紐の両端を引っ張り

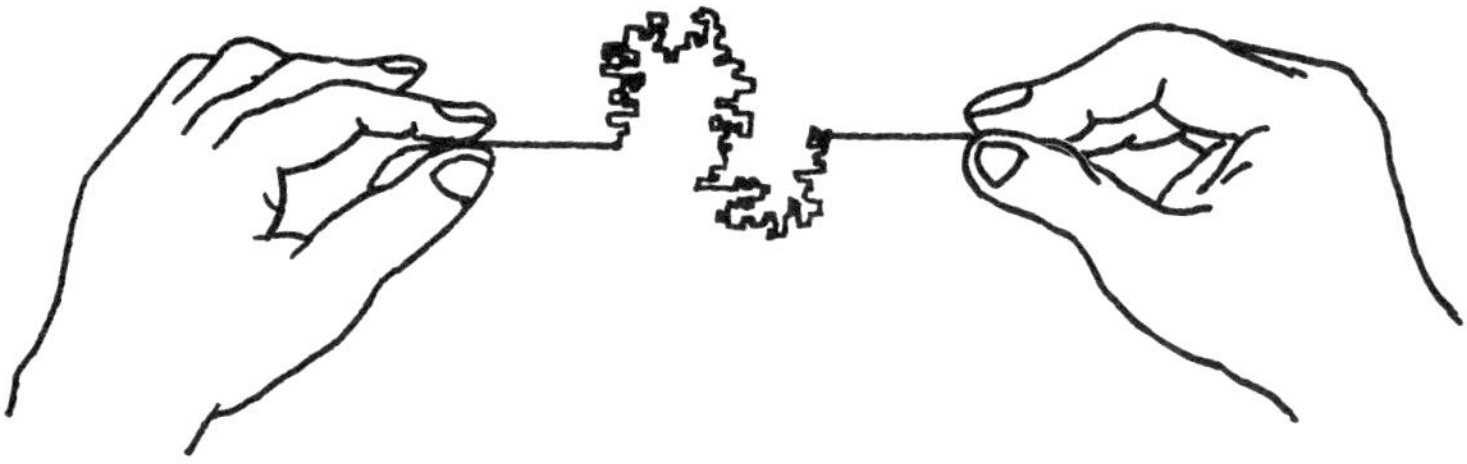

ぴんとさせた

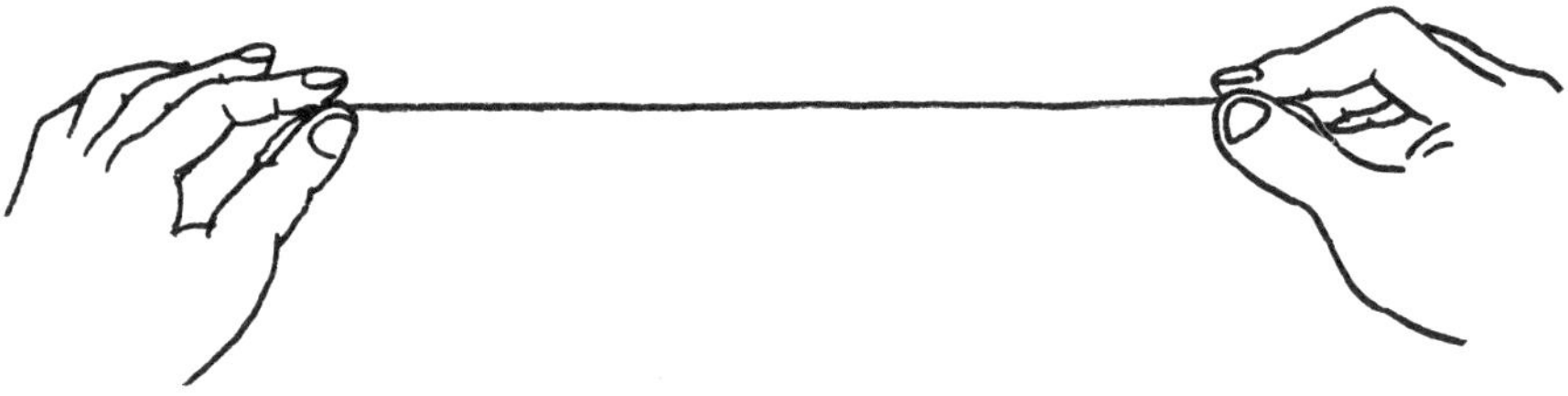

【六】「はてなき着想　――　理想の副産物として」解説

P. 161　選ばれた理由

最初は何が始まっているのか、皆目、分からない。その分からないことで、読者をひっぱっていく。ミステリーのひとつの典型ではあるが、実は、ひっぱっていってるのは、極限を言えば、話している二人の物言いである。私達は、物言いから、人間関係やその世界観が分かってしまうのである。

P. 166　秋の象嵌

241頁から始まる随筆を参照。

P. 168　影が規定する

実は、空中に浮いている2つの小さな○は、階段状の白い平面に対して、左右の絵ともまったく同じ位置に置かれている。しかし、立体空間として、左右の2つの○の位置が異なって感じるのは、それらの下に落ちる影の位置が異なるからである。影は○の垂直方向なら、どこにでも書けるので、○の位置を規定するのは影ということになる。

P. 170　カエルの学校

おたまじゃくしの形態の変化を、Swimming school → Walking school という同じ語感の言葉の変化と対応させている。

P. 172　エスカレーター

大人が一人、普通に前向きにエスカレーターに乗っていても、右の絵のような可能性もあり、大人が一人、なぜか後ろ向きにエスカレーターに乗っていたら、左の絵のような可能性もある。

P. 174　新しい生物

左右対称、皮膚の質感、目の存在、そんなアニマシー（動物性）を生む要素をざっと揃えると「新しい生物」が生まれる。この世への定着感の強さでは、3D－CGより勝るか。

P. 182　計算機による計算

もう当たり前となっている計算機の作業工程の記述化。私達は、分かったものに対しては無自覚になってしまっている。工程をわざわざ記述すると面倒くささが浮かび上がるが、無自覚ゆえに、面倒くさいというような気持ちも起こさず、平穏無事にその作業に従事できる。

P. 184　円弧の中心

人間は、円から、あるいは円弧からだけでも、その中心が分かる。感覚的に分かるのである。ある力が、自分や何かに及ぶ際、その源を瞬時に見極める能力は太古の時代から必要だったに違いない。

P. 186　へんな箱

231頁から始まる随筆を参照。

P. 188　世界のはじまり

当初は、帳尻合わせも分かるほどであったが、そのうちに、奥まった辺境では偏りも大きく生まれ、凸みばかりだったり、凹みばかりだったりする領域も生まれる。そして実際、リセットは、果たして、されるのか、否か。

（七）

新しい分かり方

随筆（解説としての意味もある）

この先の6編の随筆は、ここまでの
作品を体験したのちにお読みください。（筆者）

自分の仕業《しわざ》

テレビの推理ドラマなどで、ときどき見られるシーンとして、主人公が悪酔いから醒めるとなぜか手に拳銃を握っており、先程まで一緒に飲んでいた同僚が拳銃で撃たれて転がっている、というような設定がある。

もし、みなさんが、この主人公になったとしたら、どう感じるだろうか。二日酔いとかで頭がガンガンしながら目が醒めると自分の手になぜか拳銃があり、脇に友人の死体が転がっている、そんな状況である。

私も、かつて若気の至りで暴飲してしまい、翌朝、二日酔いで頭がガンガン、フラフラという体験は何度となくある。

さすがに手に拳銃を持っていたことはないが、友人宅で目が醒めた時に、狭いアパートのまん中に、大きな円錐形の黄色いコーンがドンと置かれていたことがあった。泥で汚れているそのコーンが、どのようにしてそこに来たのか、友人と思い出そうとしても、なかなか思い出せない。しかし、自分の手が泥で汚れているのを見ると、やはりこれは自分の仕業かなと思ったわけである。

私たちは、何か外界のモノに関与しようとする時、例えば、石を投げるとか摑むとか、服を着るとか脱ぐとか、本を読むとか閉じるとか、の場合、多くは自分の手を使う。なので、自分の手に何らかの形跡が残っていると、自分の記憶が漠としていても、自分が為した業ではないかと思うのである。

生物学的に人間の発達進化を論じる時に、直立歩行によって脳の拡大が起こったという説がよく聞かれるが、もうひとつ、直立歩行の大きな影響を忘れてはいけない。それは、手が自由になったということである。それまでは、外界との関係が受け身気味であったのが、働きかけができるようになり、主体的に世界を変えることが容易になったのだ。

手の中でも指は、人間にとって重要な器官である。指のおかげでモノを工作することができ、道具が生まれた。指のおかげでこまかな細工も可能になり、人間は意のままに世界を変え出したのだった。

余談になるが、指があったせいで、指折り数えることが始まり、計算という概念操作にまでも進んだ。デジタルの元の言葉の digit は「指」という意味なのである。

「指」の語源を調べてみると、有力な説として「及ぶ」に由来したというものがある。自分の力が及ぶ、自分の存在が及ぶ、自分の考えが及ぶ、そんな及ぶ範囲を自分の指が作り出していたのだ。音としては「およぶ↓および↓ゆび」と変化したようである。

自分の指に泥がついていたら、普通は、自分がその泥だらけのコーンと何かしらの関与があったと認めざるを得ない。

つまり自分の指の跡がどこかに残っていたとしたら、自分がそこに及び、そこに関与したことが示されているのである。

この、手と指を巡る考察をした後で、私はさらにこう考えた。

指をあるモノに置いた途端、その置かれたモノは他人事では済まされず、「自分事《じぶんごと》」になってしまうのでないか。

もしかして、私が何を言っているのか、分からないと思うので、まずは、ご自分でこの訳の分からないことを体験してみていただきたい。

では、28ページにある作品「指の下」を体験してから、この後の文章をお読みください。

さて、あなたは、Cのスペースのどこかに右手の人差し指を置いた。その時、その人差し指の下には何も書かれていないことをあなたは知っていたはずである。しかし、その後で、Aの欄の数字を1、2、3、4、5と読み上げ、次にBの欄でも、やはり1、2、3、4、5と読み上げ、最後にCの欄に来て、ここでも1、2、3と読み上げた後で、あなたには、4が見当たらない。そして、数字の5は、4を飛び越して目に入ってきている。

その時に、自分が押さえている指の下に、その4があるように微かに感じなかったであろうか。言い換えると、4がないのは、自分の仕業と一瞬思ったのではないだろうか。

何かに自分の指が及んでいると、自分が何かを為したことに繋がり、もう他人事ではなく自分事になってしまうのだ。

もし、あなたが微かにでも、自分の人差し指の下に数字の4が隠れているように感じたら、それが証明されたことになるのである。

もう一つ作品を体験してみてもらいたい。

129ページの「ある蜘蛛を讃える詩」である。

この「ある蜘蛛を讃える詩」では、最初のページで天秤の片一方にあなたが人差し指を置いたことを言いがかりにして、次のページで詩が崩れた責任をあなたに問う。

あなたは、自分が指を離したから天秤の釣り合いが崩れた、という負い目を、確かに微かには感じるが、そこまで問いつめられることではないと思うと思われるので、この関係が生む［責任を問う――負い目は若干あるが、問われるまでのことではない］という奇妙な表象が醸成される。

同時に、詩を構成していた文字が崩れ、新たな順序が生まれたことにより、新しい意味を生んでしまった「アナグラム」の部分を、ご鑑賞いただきたい。

系が違う

私の事務所は、東京は築地にある。市場で有名なあの築地である。

最近はめっきり観光地化していて、30年も前なら、場外を歩いていれば、威勢のいい魚河岸のお兄さんや長靴姿に年季が入っている年配の方にしか会わなかったが、最近は、市場関係者らしき方に出会う方が珍しい。

実は観光客が増え出したのは、20年前くらいの事であるが、初めからその中に外国の方もいた。きっと自国の旅行案内に、日本を知るならここに行くといいとでも書かれていたのだろう。日本人の観光客もめったに座っていない牛丼とカレーライスの「合がけ」を食べさせるマニアックな小店に、ミニスカートもまぶしい10代のパリジェンヌと若きお母さん（こちらもミニスカート）のふたりが、一つの合がけをトレビヤンとかなんとか言いつつ、食べ合っていたのを見た時は驚いたものである。しかし、今や、歩けば、四方八方から各国の言葉が聞こえてくる。

かくいう私も築地の市場は大好きである。通い出してからもう40年にもなる。

その私の築地歴の古さには、訳がある。

そのスタートは、築地にあった会社に大卒で勤め始めた時であった。それが、ちょうど40年前なのである。その会社は電通という広告代理店で、今では、大学生の入りたい会社ランキングで上位にいたりもするが、私が入社した頃は、そうでもなかった。入社を決めて、田舎の両親に会社名を伝えると、せっかく大学に行かせたのに、そんなとこしかなかったものかねぇ、とかなり落胆された。

それから私は、その会社で良い先輩・後輩に恵まれ、仕事も順調であったが、入社17年目に独立して、今の事務所を作った。仕事の内容も、ほとんどが会社からの引き続きの業務であった。

事務所は、その時、電通のあった築地に構え、それ以来、ずっと同じ場所にいる。もう23年になる。電通は、その後、汐留に巨大なビルを建て、本社を移した。関連の会社も多くは近隣に移転したが、私の事務所はと言えば、汐留は、そんなに遠くでないこともあり、動かずにいた。私の事務所で働いている者たちは、みな設立時のメンバーなので、なぜこの事務所が築地にあるのかもよく知っている。取引の多い電通の近くにあると、スタッフとの企画打合せから事務関連の事まででも、何かと便利なのである。

10年程前、築地市場の移転の話が持ち上がり、そのニュースが飛び交っていた時のことである。事務所のテレビで、そのニュースを見ていた私が、一言、つぶやいた。それを聞いたみんなは唖然とした。

「市場が築地から豊洲にいくんだ……。じゃあ、この事務所も豊洲に移ろうかな」

「えーっ！」みんな、思わず叫んだ。

「この事務所は電通にくっついていたんじゃなくて、築地の市場の方にくっついていたんですか！……」

地球は太陽系に属し、太陽のまわりを回っている。火星も土星も水星も同じである。普段は意識することはないが、私たちは太陽のまわりを回り続けている地球の上にいる。つまり、私たちは太陽系にいるのである。そこには微塵の疑いもない。

もし、ある大きな会社Aとの関係が深く、Aを中心に動いている会社をA系と定義するなら、私の事務所の立地は、電通系と言えるであろう。少なくとも、事務所の他の人間はそう思っていた。でも、真実は驚くべきところにあった。この事務所の所属していた系は、電通系ではなく、なんと市場系だった。みんなが唖然としたのは、自分たちが乗っていると信じていた系が大きく異なっていたからである。もしかして、足許が揺らいで、ぐらつきさえ感じたのではないかと思う。

「系」は普段は意識していない。でも築地市場の豊洲移転という大きな変容の時に、それは現れたのである。

同じように、普段は特に気にしないが、ある時ふいに、自分が乗っている系をいやというほど意識させられることがある。例えば、オリンピックでは国を、高校野球では県や府や都や道を、災害時には家族を。そして、その時には、その系に対して、太陽系のように圧倒的な信頼を寄せていたことが分かるのである。

ここで、１２０ページの「父 グスタフ王の命令」という作品をもう一度、読んでみてほしい。

最初、読み進めていくと、誰かの指示で自分が動かされている気持ちが生まれてくる。

その【誰か】に絶対的な存在としての雰囲気も感じたりするだろう。自分が進んでいる位置に対しての言及の確かさに、信頼感も醸成される。しかし、最後にドアが開き、その存在から一方的に、独立を要請される。その時、その存在が、父だったことが知らされる。そして、自分が、父の内部で動いていただけにすぎなかったことも分かるのである。父という系にいて、とても安心だったのである。一種のsafety base（安全基地）だったのだ。

その父という系から放り出されて、これから自分はどうなるのだろう……。大きな系という存在を感じるとともに、その系から放出された時の不安な気持ち——それが、この作品で鑑賞していただきたい表象である。

他にも、この「系」を扱っている作品としては、36ページの「5円玉とカメラ」、27ページの「枠が動きます」がある。「5円玉とカメラ」では、最初右ページを見ると、5円玉が激しく揺れているように見える、つまり、5円玉を見ている方にいる読者のみなさんは静止系にいる。ところが、次のページを見ると、5円玉が静止系であり、それを見ていた読者のみなさんは揺れ動くカメラの系にいたのである。

「枠が動きます」では、漫画の中の男の人が目の前のレバーを操作すると額縁がなぜか動く、そして普通なら、その額縁の中の絵は変わることはないが、この漫画では、その絵は、まるで外側にある景色のように変化する。その時、額縁の中の絵は、額縁という系に乗っているのではなく、向こう側にある風景という系に乗っていることが分かるのである。

私は、その後、事務所を豊洲に動かすことを止めた。市場は好きであるが、やはり築地の市場が好きだったということが分かったからである。しかし、「築地の市場」はもうすぐなくなる。グスタフ王の息子のように、「もうお前はひとりで生きていける」と宣告され、外に出されるような気持ちである。

※この文章は、平成29年春におけるものです。

同じ情報、違う価値

以前、ある新聞の片隅に載せるために、ケロパキという子ガエルが主人公の3コマ漫画を描いていたことがある。

次の漫画は、その内のひとつである。ちょうど梅雨に入る時季に載せたものである。

漫画を解説するのは野暮なことだが、敢えて行わせてほしい。通常、梅雨というものは、憂鬱なものである。鬱陶しい雨が続き、じめじめとした湿気は不快なものである。が、それを喜ぶ存在もいるということを漫画のネタにできないかと考えたわけである。

世の中にある多様な価値観を堅苦しく伝えるのではなく、おかしみを以って表現したかったのである。じめじめした嫌な天気がつづきますねぇ、とは人間界の挨拶であり、梅雨はケロパキ一家にとっては、待ちに待った季節であり、カエル界では、きっと、いい天気がつづきますねぇ、という挨拶になるのであろう。

最近、ふと目にした民放のクイズ番組の回答者に思わぬ人が出演していた。その人は、ＮＨＫのニュースで天気予報のコーナーを担当している気象予報士の女性だった。普段は、日本列島と太平洋が表示された大型モニターを後ろにして指示棒を持ちながら明日の天気について律儀に解説しているその方が、お笑い芸人を始めとした賑々しいタレントの中に嵌められていて、その違和感は尋常ではなかった。一人だけ、清楚な話し方、背筋が自然にすっと伸びている佇まい。私は、派手な装飾のセットの中にいるその人に、痛々しささえ感じた。

その番組の進行役の芸人が、普段は出演するはずもないそのきちんとした人をいじりだした。

「ＮＨＫとかに出ていると、言ってはいけないことも、たくさん、あるんじゃないですか？」

「そうですねぇ……」

その進行役は、それを聞いて、しめたと思ったのだろう。畳み掛けて、質問を投げかける。

「どんなことが、ＮＨＫでは言えないんですか？」

普段は扱えないＮＨＫの内情を、面白おかしく聞き出してやろうという魂胆が感じられた。

「実は、私、天気予報のコーナーを担当させていただいているのですが、例えば、いい天気になります、とは言えないんですね」

「えー、なんでですか。いい天気、みんなうれしいじゃないですか」

「そうですねぇ、確かに、晴れれば、旅行はいいものになるし、屋外スポーツもできます。旅行者やスポーツをやる方たちには、晴れはいい天気かもしれませんが、雨を望んでいる、農業をやっている方たちには、一概に、晴れはいい天気とは言えないんですね。だから、私たちは、明日はいい天気になるでしょうとは、言わないんです」

私は、そのスタジオが一瞬、静まったように感じた。その予報士の回答は、出演者や制作者たちの背筋まで一瞬伸ばしたようであった。

明日は雨です、という情報は、受ける人（カエルも）によって、その価値が大きく変わる。そんな、情報が受け手によって、意味が変わるというモデルを、この書籍、『新しい分かり方』では二つ用意した。

ひとつは次の組み写真である（本文76ページ）。同じテレビが2台ある。1台は、スイッチが入ってonの状態であり、もう1台はoffの状態である。この2台に、リモコンで、同じ情報を送る。つまり、リモコンの電源ボタンを押すのである。

すると、どういうことが起こるか。もちろん、onの状態のテレビはoffの状態になり、映像は消え、もう1台のoffの状態のテレビはonの状態になり、映像が映り始める。同じ信号（＝情報）が、受け手の状態により、違う価値を持つというモデルである。

もうひとつのモデルは、次の一コマ漫画である（本文82ページ）。

同じ絵本を読んでいる、人間のこどもと鬼のこどもがいる。しかし、なぜか、人間のこどもは笑っていて、鬼のこどもは正反対に涙を流している。同じ本を読んでいるのに、なぜであろう。

さて、二人は何の絵本を読んでいるのでしょう

答えはみなさん、お分かりのように、二人が読んでいるこの絵本が「ももたろう」だからである。桃太郎たちが鬼ヶ島に攻め込んで、鬼を退治するのは、人間にとって痛快なことである。しかし、鬼のこどもにとっては、自分たちの故郷に押し入ってきて、同族への殺戮を行っている様子は耐えがたい状況であり、涙なくしては読みすすめられないのである。

私たちは、毎日、なんらかのコミュニケーションをしている。直接の会話で、携帯電話で、メールで、手紙で、テレビで、ラジオで、新聞で、雑誌で、インターネットで、ときどきは目配せなどで。

つまり、情報の発信と受信を無数に繰り返して生きているのである。

【コミュニケーション】の定義は、

情報を移動させることによって、意味の共有を図ること。

であるが、私たちは、受け手に自分と同じ解釈基準を期待して、情報を送っていることが多い。

しかし、基本的に、受け手の置かれている状況は自分とは異なり、別の解釈基準を持っている可能性は決して少なくない。それが、世の中に蔓延するディスコミュニケーションの要因であろう。

モダリティの話

【モダリティ】とは、脳科学において、視覚・聴覚・触覚・嗅覚などの感覚種のことを言う。

失われたモダリティ

以前、勤めていた会社に、飾ることなく、ずばずばと意見を言ってくれる女性の上司Mさんがいた。まだ私が三十代の前半の頃である。

その上司が、担当しているスポンサーとの打合せから帰ってくるやいなや、独特の勇ましい声が部全体に聞こえてくる。独り言なのに、部全員に聞こえるほどの音量なのである。それは決まって、夕刻のことであった。Mさんの席は、私の背中越しにあり、私は、それの直撃を受けるのであった。

「まったくもう、どうなっているの、オリエンとまったく違うじゃない（怒り）」

「営業も営業よ、へらへらしちゃって。悪いものは悪いって、はっきりと言いなさいよねぇ（怒り）」

そしてまもなく、後ろのMさんの席から、シュパッという音が聞こえる。１００円ライターで煙草に火を点け、ふーぅと一息つくのである。オフィスでの喫煙が許されていた時代である。

だが、怒りはまだまだ収まらない。

「何考えてんのよねぇ、こちらは、言われたとおりの条件で、4案も持って行ってるのよ（ますますの怒り）」

さらに、まもなく、プシュッという音が聞こえる。どうにも収まらないMさんは、仕事上の憤懣を免罪符に、部の入口に置いてある小型の冷蔵庫から、いつの間にか缶ビールを取り出していたのである。

私が、新卒で勤め始めたその会社を辞めたのは、それから数年後の三十代後半であった。辞めてからも、Mさんには、折りに触れ、便りを出した。その都度、Mさんは律儀に返事をくれた。その手紙からは、あの荒い声ではなく、一段も二段も落ち着いた声が聞こえてきた。

在職中に、Mさんには個人的な相談をすることもあったが、そんな時には、本当に親身になってくれて意見もくれた。その時の声は、本当にやさしく、母親のようでもあった。

Mさんの手紙の声は、それであったのだ。


何年か、手紙だけのやりとりが続いていたが、ある年の暮れ、こんな手紙が届いた。

「御無沙汰しています。ご活躍の様子を嬉しく思います。

今日は、あることをお伝えいたします。

実は、私は昨年、声を失いました。

喉頭癌の手術を受け、命と引き替えに声を無くしたのです……」

私は、全身から力が抜けた。

Mさん……、思わず、誰もいない部屋で呼びかけた。

尋常ではない喫煙の量、声を嗄らしてまで説得をとことん行う気質、喉を労《いたわ》ることを口実にした飲酒の量の多さ、どれも癌に味方する行いである。

さらに、私が唖然としたのは、声を失ってからの長い時間、私は、その声と対話していたことであった。手紙の声は、いつもやさしかった。私は、Mさんが声を失ったことを知らずに、仕事上での愚痴を手紙でこぼしていた。

なんと言うことだ。

Mさんはそれに対して、ひとつひとつ、誠実に答えてくれていたのだ、自分の声で。

知らせてはいけない思いやり

先日、銀座の方に用があり、事務所のある築地から歩き出した。鮨屋、鰻屋、焼き魚や刺身がおいしい定食屋などがある通りを抜け、広々とした昭和通りを横切れば、もうそこは銀座である。

昭和通りは関東大震災の復興事業として建設された道路で、時の東京市長であった後藤新平の原案では一説によると100メートル以上もある道幅だったが、あまりの途方もなさにみんな呆れたということで、それで現状の44メートルほどに落ち着いた。

それでも、あまりの広さにまわりは冷ややかであったということである。現在の交通量からすると、先見の明があったとしか言いようがないが、その広さゆえに横断歩道のまん中に島のように分離帯があり、渡りきれなかった歩行者が安全に取り残される地帯となっている。

私も、その時、点滅している信号を無理して渡ろうとして、その島に閉じ込められてしまった。やれやれ、ここで一休みだなと何となく下を見ると、ある文章が目に入った。それは、地面に埋められた黄色のパネルの上に書かれていた。

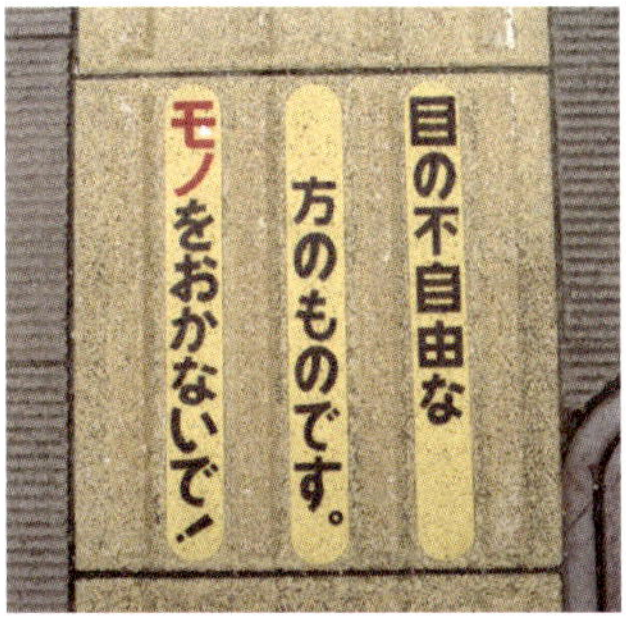

そう言えば、歩行者用の道路には、視覚障害者向けの点字ブロックが一列にずっと続いているのをよく見るが、私は不注意なのか、こんなメッセージが、所々に書かれていることに無頓着であった。
文章で書かれているということは、当然、読める人に対してのメッセージである。逆に、目の不自由な人は、この文章は読まない。それを思うと、すこし安堵するのであった。
生まれつき目や耳の不自由な人は、事故や病気で能力を失った人と違い、実は、健常者が思っているほど、不自由さは感じていない（と思う）。先天的に視覚や聴覚の能力がない方の場合は、持っているモダリティだけで世界を構築しており、それで充分、成立しているので、まわりが気を遣うことに却って気を遣わせることになってしまう。

もちろん、道路や駅など、考えられる方策を尽くすことは大切だが、それと「かわいそう」と気遣うことはまったく異なることなのである。彼らにとってみれば、ちっともかわいそうではないのである、私たちと同じに、充分、生きているのである。そんな自分たちがなぜかわいそうなのか。むしろ、そう思われることに傷ついてしまう。

でも、である。社会として、点字ブロックや駅のプラットホームのホームドアの設置やそれらの上手な運用は必要である。そこで、健常者だけが読めるメッセージに意味が出てくる。これなら、声高に気を遣っていることを示すこともない。各個人の胸に届ける静かなコミュニケーションである。

ちょうど20年前、海外で賞を獲ったあるテレビＣＭがあった。私は、それを初めて見た時、驚いた。

ＣＭが始まると、まるでビールのＣＭのような賑やかで軽快な音楽が流れ出す。しかし、画面には、真夏の太陽もビーチも、水着の美女の笑顔なども一切ない、ただただグレー地の画面の中央に文字テロップが流れてくるだけであった。そこには、こう書かれていた。
もちろんナレーションはなく、視聴者はそのけたたましい音楽を聴きながら、流れてくるこれらの文字をじっと読むこととなる。

To the blind, this sounds like a beer commercial.

Why are we trying to fool them?

Because they are too proud to ask for money.

But they need it. Desperately.

Send your tax deductible contributions to :

American Council of the Blind

1010 Vermont Avenue　N.W. Washington D.C.

20005

(but don't tell them we told you.)

《訳》

目の不自由な方には、このCMの音は、
ビールのCMのように聞こえるでしょう。
なぜ、私達は、彼らをからかうようなまねを
しているのでしょうか？

それは、彼らが誇り高く、お金を恵んでもらうことを
よしとしないからです。
しかし、彼らにはお金が必要です。もの凄く。

あなたの税金控除寄付金を送ってください：
米国盲人協会
20005 ワシントンD.C. 北西地区 ヴァーモント通り1010

（しかし、みなさんに話したことは彼らには言わないで）

モダリティを使い分けることによって、あるコミュニケーションが成立する。基金が必要な視覚障害者たち。でも、それを欲しいと言えないプライドもある。でも社会は、それを解決しなくてはならない。どうやって解決するのか。その一つの解答がここに示されたのである。

※『暮しの手帖』に同じ話を記しましたが、こちらが原文です。

黒板での会話

——126ページの作品解説として——

ここはある県立高校の教室。始業のベルはとうに鳴ったのに、2年3組の教室からはなんの声も聞こえてこなかった。誰もいないかというと、全員が着席している。テストかと思うと、みんな自由に教科書を眺めたり、ノートに何かを書いたりしている。それに中間試験は終わったばかりだ。先生がいないのかと思うと、この学校の名物教師、日本史の村山先生が教壇に座っていた。

ただ、いつもと様子が違う。村山先生は、大きなマスクをしていた。そして黒板には白いチョークでこう書かれていた。

『今日は風邪の為、声が出ないので自習にします。』

村山先生は、先週からの風邪をこじらせてしまっていたのだった。

しかし、熱もないし、咳がひどいわけでもなく、学校を休むほどではなかった。ただ、喉の痛みは尋常ではなく、声が思うように出なかった。そこで、板書したように、この授業を自習としたのだった。村山先生自身は、教壇で、この間の試験の成績をつけていた。

しばらくすると、一人の女生徒が手を挙げた。

「先生、足利尊氏（そんし）が幕府を開きましたよね、それって何時代って言うんでしたっけ」

起立して質問する女生徒を村山先生は複雑な気持ちで見た。

真面目な態度は認めるが、こんな基本が分からないのか。

目で、その思いを伝えようとするが、女生徒は無垢な眼差しで先生の答えを待っている。

村山先生は諦めて、答えを伝えることにした。

『そんしではない』

『たかうじ』『室町時代』

コツコツコツ、女生徒はチョークの先から生まれる字をじっと見て赤くなった。

さらにしばらくたつと、教室が徐々にざわめいてきた。

最初は、恐る恐る、ひそひそ声だったのが、まわりも話していると分かると、どんどん大きな声になってきた。なかでも、二人の男子のおしゃべりはうるさすぎる。

村山先生は、板書した。

『おい、山田！　岡田！　静かにしろ！』

大きく書いたが、話に夢中になっている二人は一向に気付く様子はなかった。

村山先生が黒板をドンと叩こうとしたその瞬間、終業のチャイムが鳴り出した。

〜のようなもの

時々、ニュースで、「〜のようなもの」という言葉に遭遇する。

「今朝、杉並区にある電器店で金庫がバールのようなものでこじ開けられていました」

「意識不明の男性は後頭部を鈍器のようなもので殴られたようです」

「昨日から東名高速道路の路面には、そうめんのようなものが大量に散らばっています」

というように使われる。私は、その言葉が出てくると、何か引っかかりを感じてしまい、そこだけ妙に耳に残ってしまう。


そもそもニュースには、事実を正しく伝えなくてはならないという使命がある。しかし、現実には、断定できない状況も生まれるのも事実である。この「事実を正しく伝える」ということと、「断定できない事実」という二律背反を両立させたのが、この「〜のようなもの」という表現である。その成り立ちから、一見煮え切らないような印象を受けるが、実は立派に役割を果たしている。

ところで、「バールのようなもの」とは、具体的にはどのようなものだろう。例えば、「空き地に野晒しにされていた古い水道管」「壊れた自転車のパーツ」あるいは「工場の脇に捨てられていた鉄の棒」などが挙げられる。では「鈍器のようなもの」とは何だろう。こちらはもっと容易に見つかる。金槌、アイロン、大ぶりなガラス製灰皿、ダンベル、重い花瓶、電気ポット、手頃な石、ワインボトルなどなど。

ここで留意したいのは、「バールのようなもの」でも「鈍器のようなもの」でも具体的な一つ（あるいは一種）のものではなく、ある集合を形成しているということである。そして、その集まりの代表となっているのが、それぞれ「バール」であり「鈍器」であるわけである。

鈍器自体も、辞書には【よく切れないが、重みのある刃物。また、重みのある棒状の道具。】とあり、元々幅広い言葉ではあるが、「のようなもの」が付け加わると、大きなガラス製の灰皿や花瓶までも、その傘下に収め、さらに大きな集合体となる。

もし、冒頭の報道の言葉が、

「今朝、杉並区にある電器店で金庫がバールでこじ開けられていました」

「意識不明の男性は後頭部を鈍器で殴られたようです」

であれば、私の言葉への引っかかりは皆無である。犯行のイメージも、刑事ドラマに出てくるような典型的なシーンがすぐ思い浮かぶ。

それは、黒っぽいジャンパーの男がバールの先を金庫の扉の隙間に引っかけている様子や、ソファに腰掛けていた被害者を、後ろから忍び寄って、重い金属の塊で殴っている様子である。結構、具体的なイメージである。

しかし、一旦「〜のようなもの」が付くと、そのイメージ形成はたやすく行われない。それは、「〜のようなもの」というのが具体的なイメージではなく集合という概念的なものだからである。

もし、「バールのようなもの」で金庫をこじ開けている様子を具体的にイメージしろ、あるいは絵に描けと言われたら、本当に困ってしまう。その犯人が手にしているのは、一つのものではなく、集合という概念だからである。

私が、ニュースでこの言葉を聞いた時の妙な感じはここに由来する。「今朝、杉並区にある電器店で金庫が○○○でこじ開けられていました」の文中の○○○以外の部分は、どこも具体的である。ところが、そこに「バールのようなもの」という概念的なものが象嵌《ぞうがん》されるため、ある種の違和感が生まれたのである。しかし、冒頭でも触れたようにニュースのように正確を期す文章を流さないといけない場合には、分かっている範囲での正しい情報としてこの「〜のようなもの」が闊歩することになるのである。

では、ここで186ページにある「へんな箱」という漫画作品の鑑賞について述べたいと思う。

今まで書いてきた「バールのようなもの」と、この漫画に登場するリンゴやバナナが、どう関係するのかと思われるだろうが、まずはこの漫画の説明文を書かせていただく。

［説明文］

一人の男（Aと呼ぶ）が、リンゴを大きな箱の中に保管し、どこかに出かけてしまう。その一部始終を見ていた別の男（Bと呼ぶ）は、Aが立ち去った後、勝手にリンゴを食べようと箱を開ける。すると、なんと中にはバナナが入っている。Bはそれを食べ、そのバナナの皮だけを箱の中に返し、去る。戻ってきたAは、箱を開け、リンゴを食べようとするが、リンゴは食べられていて、中からは（なんと）リンゴの皮だけが出てくる。そこにBがやってきて、自分が食べたのはAが入れたリンゴではなくバナナだと弁明する。

実際に日常で起こったら、妙な話であろう。そして、ナンセンスな漫画と言えば、それで片付けられなくもない。単純に、よく分からなくてつまらないと言われてもしょうがないし、よく分からないけど面白い漫画だと感じてくれたら作者の私は嬉しい。もし私が読者だとして、初めて、この漫画を読んだら、どう感じ、どう考察するかを以下書かせてもらいたい。もしも興味が湧けば、読み進めていただきたい。

私がまったく知らずにこの漫画を読んだら、この何か特徴のある不可思議さや面白さにちょっと惹きつけられ、じっと絵の流れを反芻するだろう。すると、Bが箱の中に見たものが、もしリンゴとまったく違うもの、例えばクッキーやおせんべいや猫だとすると、この漫画が生みだす面白みがまったく違うことに気付く。クッキーやおせんべいだと食べ物が変わったことになり、食べ物なら何でもいいというような勝手な自由さに見え、単にナンセンスな漫画なんだなと解釈してしまう。もし、猫なら違いすぎて、そこに魔法とかフアンタジーという解釈が生まれたりもする。その解釈が出てきた時点で、ある意味、謎が解決され、やはりこの漫画から気持ちが離れていく。実は、私がこの漫画に感じる面白さは、リンゴが自由に変化したのではなく、律儀と言ってもいいくらいにくだものというジャンルを超えない範囲で変化したところなのである。その意味不明な制約にちょっと面白さを感じた自分がいたことに、鑑賞しだすと気付く。そして、その制約は漫画の後半でも律儀に守られていて、Aが戻ってきて箱を開け、取り出すのはリンゴの皮なのである。そこは、マンゴーの皮やメロンの皮ではなく、元のリンゴに戻るのである。リンゴの皮とバナナの皮という表皮を覆う感じも保たれていて、そこにも制約を感じ、作家の恣意性を排除したことに、好感さえ覚えるのである。私は作者であるので、この解釈は当然、身びいきに近いものがあるとお思いだと思うが、素直に自分が読者だったらという設定で評したつもりである。

さらに、一歩進んだ解釈を披露する。この「リンゴ」とか「バナナ」という言葉を、ひとつ上の集合である「くだもの」という言葉で置き換えてみると、先程の説明文は次のようになる。比較してみてほしい。

［新しい説明文］

一人の男（Aと呼ぶ）が、くだものを大きな箱の中に保管し、どこかに出かけてしまう。その一部始終を見ていた別の男（Bと呼ぶ）は、Aが立ち去った後、勝手にくだものを食べようと箱を開ける。すると、中にはくだものが入っている。Bはそれを食べ、そのくだものの皮だけを箱の中に返し、去る。戻ってきたAは、箱を開け、くだものを食べようとするが、くだものは食べられていて、中からは（なんと）くだものの皮だけが出てくる。そこにBがやってきて、自分が食べたのはAが入れたくだものではなく別のくだものだと弁明する。

この新しい解説文だけ読むと、元の文章が持っていた独特の不思議さはかなり減少する。この言葉の置き換えで分かるのは、この漫画におけるへんな箱は、勝手気ままに中のものを変えてしまう箱のように思えたのだが、妙な律儀さを持っていた、ということである。それは、この箱は、一つ上の集合の「くだもの」という言葉が持つ範疇を、きちんと守っているところなのである。妙な言い方をすると、それが、この箱の矜持《きょうじ》である。私たちは他の人が持っている矜持に対して、敬意を感じたり喜びを感じたりする。この漫画が与えてくれる妙な感じや好意の要因は、そこにあったのである。

「〜のようなもの」という言葉は、バールだったらバールの一つ上の集合に位置し、鈍器だったら鈍器の一つ上の集合に位置する。それ故、バールよりも、鈍器よりも、多くのものを包含でき、人間が引き起こすあまたの犯行の道具に対応した言葉になり得るのである。実際の犯人は、ただ一つ（あるいは一組）の道具を使って犯行に及んだのであるが、私たちのイメージでは、犯人が使っている道具は「バールのようなもの」というバールを核とした集合、「鈍器のようなもの」という鈍器を核とした集合という概念的な道具であり、それがあたかも実際にあるが如く、真面目なニュースのアナウンサーが読むところにおかしみが生まれるのである。逆に、リンゴでもバナナでもくだものという同じ集合の中にいるということで、同じ扱いをしたこの漫画に、妙な面白さが生まれたわけなのである。

象《ぞう》 嵌《がん》

医学部2号館

金色《こんじき》のちひさき鳥のかたちして銀杏ちるなり夕日の岡に

与謝野晶子

本郷にある東京大学の銀杏並木は黄金色に光っていた。天候に恵まれた11月最後の土曜日の朝のことである。私は、この書籍のあるページの撮影のために、石畳に散る金色のちひさき鳥たちを踏みしめながら、構内を進んでいった。銀杏は、この大学にとって、校章の意匠にも使われるほど、ゆかりの深い樹木である。かの『三四郎』にも登場するし、かつて帝国大学時代、銀杏の精子の発見は植物学上の大発見となった。

赤門から入り、しばらくすると目の前に医学部の古い建築物が現れてきた。私は、医学部2号館と呼ばれる建物の左手にある少し高くなった部分を指さし、同行してくれたうちのますみさんにこう言った。

「あそこで、僕は、40年前、解剖学の講義を受けていたんですよ。小さな階段教室で、窓から静かに入ってくる光がきれいでした」

そう、22歳の私は確かにあそこで一所懸命、筋肉が動くメカニズムや腎臓など内臓の機能についてノートを取っていた。私は医学部の学生ではなかったが、他学部向けに座学の解剖学が開講されていたのだ。

でも自分は、いったい何のためにその講義を受講科目に選んだのだろう。誤解を恐れず書くと、実は、自分のこれからの未来のどこかに、この解剖学が何らかの関係を持つということを予感したのだった。予感……、もっと言えば、この解剖学がずばり自分の人生と関わるわけではないが、独特の関わり合い方をするのではないか、あるいは関わり方をするように人生を作りたいというような妙な心持ちが生まれていたのである。

懐かしの学び舎の前を左に折れ、安田講堂の脇を通った。安田講堂前部の煉瓦は、東大紛争の時に、火炎瓶などで黒ずみ汚れてしまっていたが、その残滓がまだ残っているように遠目には見えた。

まもなく目星を付けてあった小さな舗道に着いた。銀杏の葉の落ち方も多すぎず、また少なすぎず、ちょうどいい。一週間前だと、ここまで葉は落ちてないし色づいてもいない、一週間後だと積もるように葉は落ちてしまっているだろう。その時には木々の方が寂しすぎる。今日しかない、風もそよいで味方してくれている、そんな気持ちで撮影準備が始まった。総勢、6名の我々は、それから3時間あまり追われるように作業をした。この時期の陽の回りは早い。撮影後、カメラマンから、その日の収穫のようにUSBメモリーに入ったデータを渡された。

数日後、その写真は、事務所でレイアウトされた。読者の皆さんは、166ページに「秋の象嵌」として、それを見ることができる。その写真を見ると、晩秋のある舗道で、銀杏の落葉が矩形《くけい》に切り取られて、それがそのまま私の部屋に持ってこられたのが分かるであろう。額に入れられた落葉と舗道の切り取られた跡が符合している。私は、この写真を見て、それまで、忘れていたひとつの新聞原稿を思い出した。それは実際に掲載されたものではなく、過去、私が朝日広告賞というコンテストに応募したものであった。朝日広告賞は、後援しているスポンサーから課題が出され、その課題に対しての広告原稿を作り

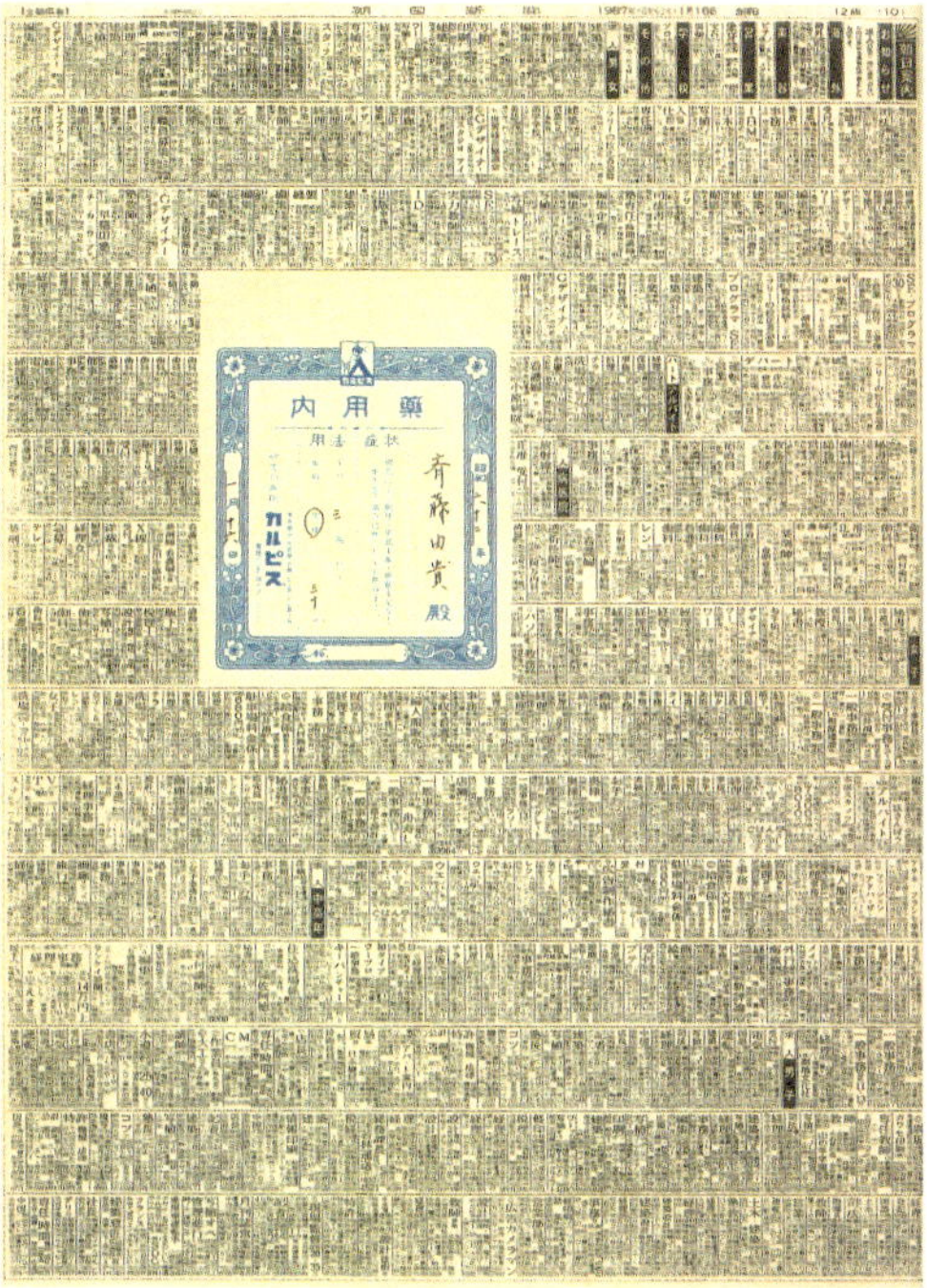

写真1

応募するのであった。その時、私は、カルピスという企業を選んだ。商品は、社名でもある飲料のカルピスであった。「初恋の味」というキャッチフレーズを思い出す方もいると思うが、そのカルピスである。それが、写真1にある原稿であるが、これが運良く賞に選ばれた。広告原稿としては小さなものだが、かわいいだけでなく、何か異彩を放っているのが読み取れるのではないだろうか。その力はどこから来るのか。この原稿では、全面の求人広告の中に、なぜか薬《やく》袋《たい》が埋め込まれている。求人広告は細かく、言ってみれば、ある種の肌理《きめ》をもっているが、その中にまったく質感の違うものが嵌め込まれているのである。その異質さとギャップが異彩さを生むのである。

私は、表現を作る時には、いきなり表現に入るのではなく、どう作ったらかっこいいもの・面白いもの・かわいいものができるかということを、まず考える。別の言葉にすると、手法をまず考えるのである。この時には、ある質感の中に別の質感のものが嵌《は》まっていると、それだけで関心が生まれるということを意識していた。「ある質感の中に別の質感がある」ということは、何も、私の発明ではまったくない。

日本では、そんな手法が古《いにし》えからあった。【象嵌】である。象嵌とは、工芸技法のひとつで、ある一つの素材に異質の素材を嵌め込む手法で、例えば、漆器に貝殻を入れ込む螺《ら》鈿《でん》などもその一種である。それを、現代的にデザインに取り入れたのが、カルピスの原稿であった。

その後も私は、この【象嵌】という手法を発展させ、動画であるTV－CMにも適用した。写真2が、そのCMの1カットである。これは、あるカップ麺のCMである。ご存知のように、大相撲の中継は、NHKが専ら行っている。勝ち負けが分かる電光掲示板は通常、NHKのテレビ中継の中で、独特の読み上げとともに映し出される。「前田山、旭川、

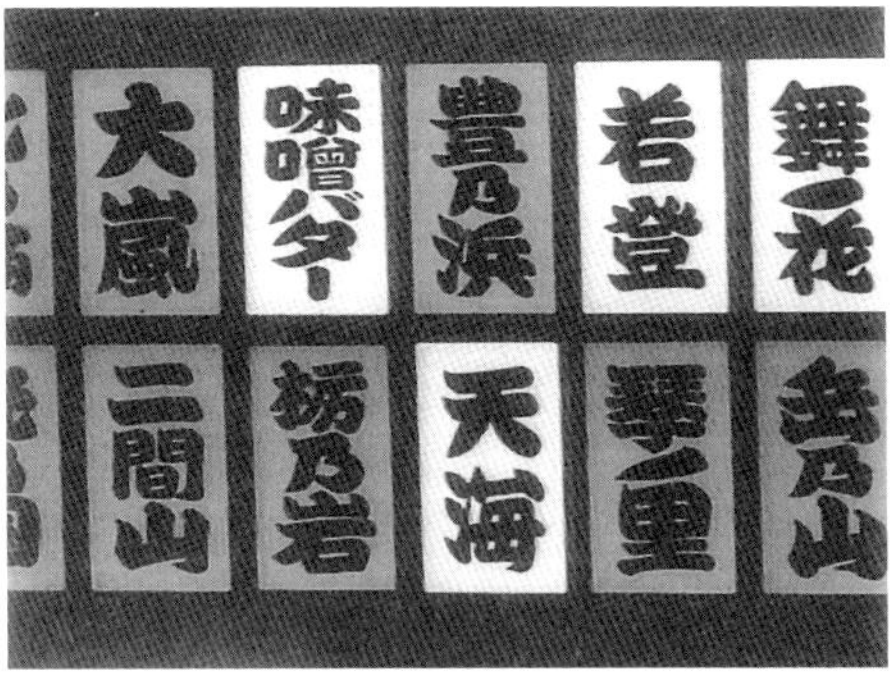

写真2

押し出しで旭川の勝ち、前田山、今場所負け越しが決まりました」というような趣きのある感じである。ところが、この読み上げとともに相撲の電光掲示板が、民放のコマーシャルの時間帯に突然現れたら、どう見えるか。

カルピスの原稿が求人広告の中で目立ったように、民放のあまたあるCMの中で、「豊乃浜、天海、上手投げで天海」と突然始まると、その違和感に人々はテレビの画面を注視する。その時、同じ声色で「味噌バター、栃乃岩、寄り切って味噌バターの勝ち。味噌バター全勝です」とナレーションされると、求人広告の中で薬袋に何が書かれているか、じっと読むように、そのナレーションされる内容にじっと聞き入るのである。（このCMでは、民放の中にNHK的世界が象嵌されたのと同時に、豊乃浜や天海や栃乃岩といった力士名の中に味噌バターというかなり異質な名前が象嵌され、都合二つの象嵌が同時に起こっている。）

この【象嵌】、つまり、ある質感の中に別の質感のものが埋められていると、時にはぎょっとするほどの強さを発揮するということを最初に意識した時のことをいまだに憶えている。大学で表現の手法について学生たちに説明する時、もう何度となく繰り返した話であるが、ここで話すのは、また特別な意味があるので、披露したいと思う。

実は、この手法の萌芽というものに私が出会ったのは、冒頭に出てきた医学部2号館なのである。つまり40年前のある日、私は、この表現手法に繋がるあるものと出会ったのである。なぜ表現のある手法と解剖学が関係しているのか、そのギャップに皆さん、戸惑うかも知れない。


座学の解剖学を3年次の後期に取った私は、当然だが、その期末に試験を受けた。講義内容がとても興味深かったということと試験前日の一夜漬けが当たって、試験は手応えが強くあった。成績は、優をもらえたと記憶している。それはいいのだが、数日後、学校の学生掲示板に妙な掲示を発見した。それは、私に対してのものだった。

「呼出　三年　佐藤雅彦君　至急　解剖学の保志先生の研究室を訪れること　教務課」

とある。保志先生とは一学期間、解剖学を例の階段教室で教えてくれた先生である。余談ではあるが、この時の解剖学教室の助手に、養老孟司さんがいたということだ。あの養老先生が、まだ助手の時代だから、どのくらい昔のことか想像できるであろう。

私は、俄に鼓動が高まった。呼び出しを受けるのはもちろん初めてであったし、何か、単位のことで不手際でも犯したのではないかと思った。すぐその足で、指定されていた保志先生の部屋に向かい、重そうな扉を恐る恐るノックした。中から、どうぞという聞き覚えのある穏やかな声が聞こえた。私は扉を開け、一礼をして、掲示板で呼び出しの貼り紙を見たことを告げた。

保志先生は用意されていたかのように、よどみなく説明を始めた。

「君が佐藤君か。まあ、簡単に説明しよう。君は、他学部だったな。でも、試験の結果を見ると講義を熱心に受講したようですね。そこで相談だが、来学期の実習を受けてみないか。他学部でも許可するが」

「実習って、解剖学の実習ですか？」

「そうだよ」

「あのう、実習って、何を解剖するのでしょうか？」

私は、教養の1年時に生物実験という科目で、カエルとミミズの解剖を行ったことがあった。

「何を解剖するって、人体解剖に決まってるじゃないか」

その一ヶ月後、白衣を着た私は医学部の学生に混じって、保志先生と一緒に広い解剖実習室にいた。

保志先生は、私たち学生に向かって言った。

「これから、各自、この学期中に解剖するライヘ（遺体）を選びに行きます」

我々学生は保志先生に続いた。エレベーターの前に着いた。扉が開くと、見たこともない広さの空間があった。こんな広いエレベーターってあるんだ……。学生の私は、行き先の数字を見つめた。地下2階だった。

ふいに、大江健三郎さんが東大の学生時代に書いた小説のことに思いが及んだ。『死者の奢り』である。貧乏な主人公（学生）は学生課で紹介された高額のアルバイトに応募する、それは同じ大学の医学部で行うアルバイトであった。医学部では解剖実習のためにライヘを溜めておくコンクリート製の巨大な水槽がある。もちろん、その水槽に入っている液体は水ではない、アルコール溶液である。その水槽の中のライヘを先にゴムのついた竹竿で引き寄せ、取りだし解剖実習に回すのであるが、その水槽には古くて解剖実習に適していないものも出てくる。そのアルバイトは、解剖できない古いライヘを水槽から取りだし、最終的には学内の焼き場に持って行き、焼くという仕事であった。そのアルバイトは割は良いが、一度やると匂いが体に染みついて、取れないと書かれていたようにも思う。確か、医学部の古い建物の地下にあったと書いてあった。

あまりにもゆっくりと動くエレベーターに乗りつつ、私は、その『死者の奢り』に出てくる一連の光景を思い出していた。エレベーターが地下2階で止まり、ドアが開くと、あのコンクリートの水槽が何槽も現れる。そして、私は保志先生から長い竹の棒を渡され、死体を引き上げるのだ。許してほしい、まだ私は、死んだ人間と遭遇したのは、3年前に亡くなった肉親のおばあちゃん一人だけである。それが、ここで何十体、いや百体は超えるかもしれない遺体がぷかぷかと浮いている水槽をかき混ぜるのだ。

とうとうエレベーターが開いた。なむさん、私は目をつぶった。ところが……。目を開けると、なんと、そこはまっ白で明るい空間が広がっているではないか。まるで映画の「2001年宇宙の旅」に出てくるコンピュータールームのような無菌の世界。エレベーターを一歩出ると、大きく拡がっているそのフロアには、コンクリートの水槽ではなく、白いスチール製のロッカーが上下4段ほどに積み上げられ、さらに、それがずっと奥まで、数えられないほど整然と並んでいた。奥だけでなく、左にも右にもその列はずっと続いていた。

我々は声も出せずにそのロッカーの間を行進した。しばらく歩くと、保志先生が急に立ち止まった。そして、くるっとひとつのロッカーに向くと、そのロッカーに付いている銀色の把手を摑んだ。そして、思い切りそれを引いた。すると、そのロッカーがなんと2メートルくらい、ガラガラガラと引き出された。我々学生は思わず、後ずさりをした。そんな長いものが出てくるとは思わなかった。そのロッカーは箱状のものではなかった。引き出されたのは板状のものだった。我々は、そのロッカーの思わぬ長さに驚いてばかりいられなかった。なぜなら、もっと驚くものが、その上に乗っていたからである。それは、見たこともないほどの大きなジップロックに包まれていた。40年も前のことだからジップロックとは言わないとは思う。ファスナー付きの巨大な厚いビニールの袋が出てきたのである。もちろん驚いたのは、にぶく透けて見える中のものにである。頭を抱えるように手を窮屈そうに曲げ、顎をなぜか思い切り上げたその死体は、まだ肌がなまめかしかった。ビニールの袋の下の方には、アルコール溶液だろうか、２、３㎝溜まっている。死体が乾ききらないように、そしてタンパクを固定するためのその液体は黄色く濁っている。保志先生は何を思ったのか、そのライへの腕や胸や大腿部を掌で強く何度も押した。そして一言、言った。

「まだだな」

そして、その巨大なロッカーを思い切り、押し戻した。ガッシャーン。金属音が、静かな白い空間に響き渡った。

保志先生は、何も言わず、またつかつかと歩き出した。為す術のない我々は後を追うしかなかった。しばらく進むと、またひとつのロッカーの前でピタッと歩みを止めた。

ガラガラガラ、また巨大なジップロックに包み込まれた遺体が登場した。保志先生は、先程と同じように、自分の掌でその遺体の肉を何かを確かめるように押している。「これなら、いいな」一言言うと、やおら私の方を向いた。

「佐藤君、足の方を持ち上げてくれるかな。そして、今、いっしょに持ってきている解剖台の上にこのライへを移すんだ、ほら、そこの二、三人も手伝って」

かくして、心の準備もまったくないままに、私は、死人を初めて持つことになった。重かったのか、軽かったのかも憶えていない。ただ、白衣が液体でべっとりと濡れ、それが、内側のセーターやワイシャツまで届いたことは、はっきりと憶えている。

「佐藤君」

「はい」

「このライへ、君の担当にしなさい」

「………」

「そこの札になんて書いてある？　名前と年齢が記されているはずだけど」

私は、ロッカーの前面に付いていたカードに目を近づけた。

「名前はありません……」

「でも何か書いてあるだろ」

「はい……、路上死亡人、53歳、男性」

「なるほど……、うちの大学には白菊会という献体の会があり、多くの献体があるが、時々、このような引き取り手のない路上死亡人の遺体もいただけることになっているのです」

「この方を私が担当するのですね」

「そうです、このライヘに半年間、付き合わせていただきなさい」

それから、毎週木曜日は、朝早くから夜暗くなるまで、私は、そのライヘに向き合った。解剖室は、天井が高く、窓も高く、柔らかな光が入る静かな空間だった。初めは、銀色のステンレスの解剖台に、ライヘの躰を乗せて、皮膚を取り去るところから始めた。皮膚を剝がし、脂肪を取り去るのは、根気がいる作業だった。しかし、それが終わると現れた筋肉は、機能的に構成され、美しくさえあった。初めは大きな解剖台を使っていたが、頭部などの解剖は切り離して小さめの解剖台の上で行った。

　下肢の解剖を行っていた5月中旬のことである。やはり、皮膚を剝がすところから始めた。大腿部の脂肪は、背中や腹部とは違い、そんなに多くなかったと記憶している。すぐに筋肉が現れた。腓腹筋、前脛骨筋《ぜんけいこつきん》、教科書どおりに筋肉が登場してくる。筋肉に囲まれて、次に骨が出てくる。私の目に象牙色のものが見えてきた。脛骨《けいこつ》、腓骨という小学校の理科教室でも標本にあるような馴染みの骨が……、

　えっ。なんだこれは。

「先生、保志先生！」私は、思わず叫んでいた。

私の目に飛び込んできたのは、脂肪とか筋肉とか内臓とか血管とかという有機的な物体ではなかったのである。しかも、それは象牙質の脛骨にきっちりと継がれていたのである。私が見たのは、ギラギラと光り輝くジュラルミンのような金属棒だったのである。

「ほおー、このライへは戦争に行きましたね」

保志先生の声が後ろから聞こえてきた。

「えっ、戦争」

「そうです、戦地での応急処置では、骨折時にこのような金属棒を嵌めるのです。それにしても、このライへ、戦争から戻って、苦労しただろうな。この処置じゃあ、満足に歩けなかったから、職にも就けなかったでしょうね」

私は、自分のライへがなぜ路上死亡人であったのかが分かったような気がした。

保志先生や他の解剖実習生が去り、私は、また、その路上死亡人の右脚と二人きりになった。

私は、もう一度、自分が大声を上げるほど驚いたその部位を覗いた。

冷静に見ても、人間の躰の内部に円柱状の金属棒が存在している様子は、ある一種の衝撃を生み続けていた。

積み重なるように落ちている銀杏の葉を求めて、私は、母校の銀杏並木を訪れた。それは、単に、象嵌という手法による表現を具体的に達成するための行動だった。自然に落ちて重なった葉々を矩形に切り取り、額に封じ込め、自分の部屋の壁に象嵌する。それだけの目的であった。しかし、あとで分かったのだが、その象嵌というものを自分として意識した初めての事件が、その銀杏の舗道に続く学び舎で起こっていたのだった。

あのライヘが、自分が呈示した手法を再現させるのに、この母校を選ばせたなどというオカルティックな思いに耽ることはなかったが、矩形の穴がぽっかり開いた舗道には、その日一日付き合っただけでない、もっと深い慈しみを感じたのも事実であった。

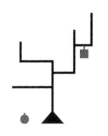

新しい分かり方 ／ 作品リスト

あとがき

まだ発現の機会を与えられてない生得的能力

「パックマン」というテレビゲームは、皆さんもご存知だと思います。円形のキャラクターが口をパクパクしつつ、迷路の途中に置かれた餌を食べて進めるゲームです。

パックマンは1980年に世の中に出ました。ゲームセンターでは、両替した100円玉を重ねるようにテーブルの上に置き、ゲームに興ずる若者の姿をよく見かけました。私も、出た瞬間からパックマンの虜になり、そして、まだやったことのない友人や親戚の子供をゲームセンターに連れていくこともありました。面白いものや美味しいものは、分かってもらいたくて、そんなお節介な行動をしてしまうのです。初めてプレーする様子を背中越しに見て、私はいつも驚き、感心することがありました。それは、パックマンの独特なあるルールに対して彼らがとる態度でした。

パックマンは画面一杯に拡がった迷路の中を、モンスターと呼ばれる敵の追跡をかわしながら、餌であるドットを食べ尽くすため動き回ります。正確に言うと、プレーヤーがジョイスティックというレバーを使って、パックマンを操作するのです。逃げ回っているうちに、画面の右端の通路を通ることもあります。するとその右端の通路には、なぜか画面の外に向かって、出口が開いています。モンスターが迫ってきて、思わず、その出口から外に出ると、次の瞬間、逆側の左端に開いている入口から、自分の操作するパックマンが登場します。右から左へと、ワープしたのです。私が驚き、感心したのは、初めてプレーをする友人や親戚の子供が、パックマンが出口から画面の外に出て、次の瞬間、逆側の入口から登場してくることに、なんの動揺も困惑もしないことでした。彼らは、恐らく、いや絶対、ワープなんてしたことはないでしょう。言葉は知っていたとしても、ゲームの中とは言え、人生の中でワープする体験は初めてに違いありません。しかし、こともなげに、それを行い、受け入れているのです。しかも、中には「ぉぉー」と小さく歓喜の声を上げるものもいます。生きるか死ぬかの戦いに夢中になっている彼らにとって、初めてのワープは、本当に九死に一生を得た感じなのでしょう。次には、今度は、そのワープを当てにして、動き回ることになります。個人的な印象になりますが、得たばかりのこのワープの能力を使っている彼らはとても生き生きしていました。初めて出会ったことなのに、たちどころに分かる、使える。それどころか、新しく獲得した自分の能力で、これからの未来を開拓していくという希望に満ちた喜びさえ持つ。このことは何を示すのでしょうか。

初めてなのに、とてもよく分かり、その場で使いこなせる。しかも、その能力を使えば、今後生きること自体に前向きになれる。パックマン以外にも、そんな情況に時々、遭遇できます。初めてコンピューターのマウスを触った瞬間、それが何なのかがとてもよく分かり、その場で使いこなせ、そのマウスがあるおかげで、自分のこれからがちょっと楽しみになる。パックマンやマウスのおかげで、私たちは自分の内に眠っていた能力が発現する機会を与えられたのです。

この書籍には、「こんなことが自分に分かるんだ」とか「人間はこんな分かり方をしてしまうのか」というようなことを分かるための機会をたくさん入れようと構想しました。そういう意味で、本のタイトルを『新しい分かり方』としました。順番としては、一見、ばらばらの内容がランダムに並んでいるように見えるかもしれませんが、いろんな側面で次から次へと「新しい分かり方」を誘因する表現を並べた結果なのです。ご自分の中で起こる希有な表象やまったく新しい表象を確認してみてください。

最後の方に随筆群があります。これは、それ以前の表現作品を「体験」としてご自分の中に取り入れてから、読んでもらうために、ここに置きました。新しい読書環境の提供です。本というメディア空間におけるデザインとも言えます。本をメディア空間として捉えると、この書籍の前半の空間には、読書という行いより「体験」と言う言葉を当て嵌める方が的確に思えるのです。ここに書かれた随筆群は、もちろん解説としての意味もありますが、もっと余分で大切なものが含まれることを目指しました。

さらに正直な事を言うと、この書籍に収められた表現のなかには、分かること自体が難解なものも、いくつかあります。しかし、それらも、その「分からなさ」をご自分で反芻すると、いままで知っている「分からなさ」とは一線を画すものだということを感じられるのではないでしょうか。私は、「新しい分からない方」と呼んでいます。うーん、よく分からないけど、この分からなさは初めてだなあと感じていただければ、してやったり、幸いであります。

この『新しい分かり方』は、実は、２００７年に構想されました。かなり長い年月が経ってしまいました。ちょうど10年前の11月19日に中央公論新社の編集者である深田浩之さんと角谷涼子さんに私の事務所に来ていただき、この構想を話し、一緒に作り上げることをお願いしました。途中、私が大きな展示やいくつかのプロジェクトにかかりきりになってしまい、『新しい分かり方』の制作は、何年もの間停止し、頓挫しかけましたが、お二人があきらめずに声をかけつづけてくれました。文字通り、有り難い事です。その後、角谷さんは赤ちゃんができて、長期の休みに入り、藤平歩さんというこれまた心強い編集者がついてくれて、３人の並々ならぬ尽力と知見により、ようやく、この構想は現実のこの世界に定着することができました。

２００９年に1回目の7日間にわたる撮影、２０１６年に2回目の撮影、そして外でのロケ撮影、さらに２０１７年に最後の撮影というように一冊の書籍とは思えない大変で気の長い作業が続きました。10年もの長い間、諦めずに、しかも熱意をもって、ここまで引っ張ってくれたことは、本当に感謝の言葉もありません。

撮影は、田村友一郎さんにお願いしました。今では、世界的な現代美術作家として活躍中の田村さんは、２００９年の最初の撮影の時は、まだ私が勤める東京藝術大学の映像研究科の修士2年生でした。田村さんは、この構想をとてもよく理解してくれ、『新しい分かり方』の硬いだけではない、と言って、軟らかすぎない独特のトーンを写真で作り上げてくれました。心から、感謝します。

最後に、いつも私の活動を影となって支えてくれる事務所のうちのますみさん、古別府泰子さん、石川将也さん、今回も、いや、今回はいつもより比較にならないほど、大変な作業でした。長かった上に、初めてのことばかりで、苦労したことと思います。おかげで、こんな理想的な本が出来上がりました。ありがとうございます。

「新しい分かり方」は、ものの見方を示すだけではありません。それを得た時には、生き生きと生きていける意欲と希望も得ることができます。これからは、読者のみなさんも、自分にとっての「新しい分かり方」を意識してくれると、作者としては本望です。

平成29年　初秋　　佐藤　雅彦

撮影　田村 友一郎

佐藤 雅彦　（塩とたまご）
石川 将也　（擬屈折）

装幀と本文デザイン

うちのますみ
石川 将也
古別府 泰子

出演（敬称略）

宮岡 和寛　（粘土柱の作り方）
細谷 宏昌　（粘土柱の作り方・セルフ散髪）
関谷 正　（ぐるぐる鉄棒）
吉田 鴻志　（いたずら顔の理由）
ナナ　（ジョン、メディアからの脱出を試みる）

美術（粘土柱／犬小屋制作）　宮岡 和寛

撮影協力

聖光学院中学校高等学校
東京藝術大学 大学院 映像研究科
Dog Office Endo

佐藤雅彦

1954年、静岡県生まれ。東京大学教育学部卒。表現研究者、東京藝術大学名誉教授。主な著書に『プチ哲学』『毎月新聞』（ともに中公文庫）、『経済ってそういうことだったのか会議』（竹中平蔵氏との共著・日本経済新聞社）、『考えの整頓』（暮しの手帖社）ほか多数。また、ゲームソフト『I.Q』（ソニー・コンピュータエンタテインメント）や、慶應義塾大学佐藤雅彦研究室の時代から手がける、NHK教育テレビ『ピタゴラスイッチ』『考えるカラス』『テキシコー』など、分野を越えた独自の活動を続けている。平成23年 芸術選奨受賞、平成25年 紫綬褒章受章、2014年、2018年 カンヌ国際映画祭短編部門正式招待上映。

新《あたら》しい分《わ》かり方《かた》

二〇一七年 九 月二五日 初版発行
二〇二一年 七 月二五日 八版発行

著　者　佐《さ》藤《とう》雅《まさ》彦《ひこ》
発行者　松田 陽三
発行所　中央公論新社
〒一〇〇‐八一五二
東京都千代田区大手町一‐七‐一
電話　販売 〇三‐五二九九‐一七三〇
　　　編集 〇三‐五二九九‐一七四〇
URL http://www.chuko.co.jp/

DTP　平面惑星
印　刷　大日本印刷
製　本　大口製本印刷

Published by CHUOKORON-SHINSHA, INC.
Printed in Japan　ISBN978-4-12-005008-4 C0095